禪

在哪裡?

聖嚴法師　西方禪修指導 2

聖嚴法師　著

法鼓山
國際編譯組
選編・譯

編者序

　　本書內容為聖嚴法師在美國的禪修開示，原文刊登於美國《禪通訊》（*Chan Newsletter*），並於 2009 年 6 月起，陸續翻譯成中文，在《人生》和《法鼓》雜誌上連載，深受讀者喜愛。

　　聖嚴法師自 1975 年於日本取得博士學位後，旋即赴美弘法，在美國的早期生活非常困頓，卻絲毫無法動搖他弘揚佛法的決心與毅力。

　　本書共收錄十二篇開示，為針對西方弟子所做的禪修指導，最早一篇講述於 1980 年 1 月，為聖嚴法師返臺前對美國信眾的臨別贈言，標題為「以心相應」，其他篇章則涵蓋了法師平常對大眾的開示，或是在弘法行程中留下的精彩演說。我們將此歸納整理為三個單元，分別是：（一）什麼是禪？（二）禪與日常生活、（三）以心相應。

　　（一）什麼是禪？

　　此一篇章收錄五篇開示，第一篇〈萬法歸一〉，法師以中國諺語：「春江水暖鴨先知。」巧妙地解說了在禪修中的感受是相當個人的，禁語是為了要完全投入修行。〈禪的精

神〉一文強調禪修得力的四個要素，分別是：報怨行、隨緣行、無所求行、稱法行，並藉由故事說明禪宗的以心印心，重視心的解脫。

〈禪的四個觀點〉中以四個觀點來說明什麼是「禪」，分別是：禪的理論、禪的體驗、禪的目標，還有禪的訓練和修行。這篇開示是聖嚴法師在華盛頓弘法時所發表的演說，開示中運用了公案和歷史故事，善巧地分享了「禪」是什麼。《楞嚴經》提到，所有的事物都是在變化中，唯有了解〈變與不變〉，才能得到真正的解脫自在。第五篇以〈平靜和激烈的方法〉解說如何以不同的方式練習話頭禪法。

（二）禪與日常生活

在日常生活中，「禪」應該扮演什麼樣的角色？在此篇章中，聖嚴法師以三個主題來做說明。〈禪與日常生活〉告訴我們要拋開舊有的聽聞言說，直接去體悟禪；如何才能做到呢？菩提達摩提出「理入」與「行入」兩種方式，「理入」要我們放下自我，不需要研讀經教或修行，也沒有什麼要說或要做的，讓自己的心如同一面透明透亮、如如不動的牆；「行入」則是將修行分為四個階段，也即是在第一篇〈禪的精神〉中強調的四個要素，說明受苦肇因於過去造作，喜樂來自於過去的成果，若修行者能夠保持一種無所求的態度，並以正向、積極的方式去行動，這就是在日常生活中表現出最好的禪修境界。

〈鬆與緊〉中，法師面對資質不同的禪眾，每每應機變換不同的指導方法，或緊或鬆來做調整。〈日常禪修和精進禪修〉則列舉了三種禪修常見的問題，告訴我們如何用方法來面對與處理；此外，修行人遇到問題時可分三個階段來處理：認識煩惱、辨別煩惱、對治煩惱。如果大家都能以其他人的利益著想，常持感恩、奉獻的心，不斷地努力用功，才能夠成為一位大修行者。

（三）以心相應

修行離不開「心」，聖嚴法師在〈慈心觀〉裡提到，慈心觀的修行有五個層次：第一個層次是去觀對我們有利、有害或無利無害的有情眾生，第二個層次是觀想自己，第三個層次是去探究與眾生互動時的心念，第四個層次是觀想有情眾生所受的苦，以及受苦的原因，第五個層次則是觀有情眾生的平等觀。修習慈心觀可以幫助我們袪除瞋心，並生起度眾離苦的願心。

〈以心相應〉裡，法師要我們謹記自己修行的目的和應有的態度，並勸勉弟子不要自私。在〈佛教徒的命運〉開示中，要我們以佛法為指引，不要受命運所支配，藉由修行佛法，即可改變命運；當我們能夠藉由修行學習控制自己，有力量駕馭自己的心時，就不會被命運所左右。

最後一篇〈北美的禪佛教〉，是聖嚴法師分享在美國居住多年所觀察到的一些現象。法師認為在美國還是需要有禪

法，並從印度禪法開始談起，介紹歷代禪宗祖師如何教禪，
藉由許多公案來說明什麼是禪，最後勉勵西方禪修者能夠傳
承漢傳禪法，成就自我修行並形塑出自己的方法和技巧。

　　禪宗六祖惠能大師曾對五祖弘忍大師說：「人雖有南
北，佛性本無南北。」聖嚴法師畢生致力於弘揚漢傳佛法，
也是不分東西方國界、種族，包容一切。我們若能藉由法師
在美國的開示而受益，自我修行必能更自在且精進。

法鼓文化編輯部

目錄

第一部

———

什麼是禪？

萬法歸一

在《六祖壇經》裡，六祖惠能大師（西元 638 ～ 713 年）曾說：「說即雖萬般，合理還歸一。」我們用文字來解釋佛法，但是我們知道，禪不立文字，凡經過說明的就已經不是禪了。就算嘗試了一萬次，或者嘗試用了一萬種方法來說明，它終究不是禪。因為只要去說明，心就已起分別。那「萬法」在這裡，是指所有可能的說明。在《壇經》裡，六祖也說到，一切東西都可以被說明，無論是天上的、地上的，或者是人間，一切眾生，一切的行為、文字或心行，都一樣。然而，這種種說明沒有一個是禪。

禪不立文字，可是禪宗文獻在佛教各宗中卻是最龐大的。對於這個矛盾，曾有人問一位禪師說：「釋迦牟尼佛說他未曾說過一法，如果真是這樣，為什麼在龍宮會發現那麼多的經典呢？」禪師回答說：「無有一法可說，的確是真的，但是二法、三法或更多的法卻是可說的；不可說的是佛教的第一義，其餘第二、第三諸義等則是可以說的。」

▌禪不立文字

想準確地描述或說明一件普通的東西，已經不容易，要形容一個人更是難上加難。如果你不曾見過某人，只是聽別人提起過，或是曾閱讀過他的相關事蹟，和實際去認識這個人，是截然不同的。對於禪或佛性的體悟，也是相同的道理。

中國有句諺語：「春江水暖鴨先知。」鴨子在河裡優游，當春天來臨時，便感覺水變得溫暖了，這句話強調了親身體驗的超然性。去年（編按：1985 年），在我帶領的一次禪期中，有位禪眾問我開悟後的境界，我告訴他，這種問題是沒辦法回答的；除非你身歷其境，否則永遠沒辦法知道。譬如禪期中，有人從來沒有吃過芒果，無論其他人怎麼說明，形容芒果的形狀、大小、顏色和味道，他還是無法理解；如果禪期結束後，有人買了一顆芒果給他，等他親自品嚐後，才會明白什麼是芒果。但如果再追問他芒果的滋味，可能又說不出來了！

「說即雖萬般」這句話，可以有兩種解釋。第一種，就是嘗試用語言來說明佛性（即惠能大師所說的「自性」）。這可能需要很多字，或許上萬字，儘管如此，還是不夠完整。第二種，則是在闡釋各種見性的方法。佛經上說有八萬四千法門，這裡的「八萬四千」並不是一個確切的數字，而

是形容一個很龐大的數量。為了讓禪的修行能更具體，需要各種角度的說明，其中還有些相當冗長。做為表達和溝通的工具，語言是必須的，卻未必是最好的方法。

「合理還歸一」，這個根源、基礎，以及回歸的那「一個根本」，是無法用文字來描述的。就禪來說，這個根本非為語言、文字所立，所以任何的言詞或形容都不能概括它。一經描述，它就不是那個根本。其實，當我們說「一個根本」時，它就不再是那個根本了。因為我們正嘗試把一個形容詞套上去。不過，既然語言是必須的，而我們也需要一種方式來表達，因此我還是會繼續使用這個詞彙──「根本」。在日常生活中，我們感覺語言很重要，但是在這裡，在這個禪期中，語言卻顯得沒有那麼重要或必要，我們還是一樣可以運作。事實上，我們也會發現語言在溝通上也不一定很實用。如果一個人能真誠地活著，就不需要語言，語言甚至是沒有用的。

▌禁語妙不可言

在我先前提到的禪期中，規定要禁語。剛開始時大家都覺得很約束，可是幾天後，卻發現適應得還滿好的。其實不用語言文字溝通，在許多層面反而更好。在我們日常生活環境裡，發生很多令人遺憾的事，往往是語言的關係。若允許

禪眾在禪期中自由交談，他們將無法完全投入修行。因此，只要看見有人在交談，我就會責備他們。有些人覺得深受傷害，但通常很快就平復了，不過也有人會一直感到忿忿不平。無論如何，很多人都發現禁語使溝通更為真誠，拉近了彼此之間的距離。不但幫助大家修行更投入，並漸漸從中獲得一些利益和體驗。

但奇怪的是，若要禪眾說說自己的感受，不管是誰，都無法將經驗表達出來。有人曾問一位禪師：「那個『根本』是什麼？」他說，就像木馬朝著風嘶鳴，或者是泥牛向著月吼叫。有誰真的能聽到這樣的牛叫聲？又有誰真的能聽到這樣的馬鳴聲呢？根據那位禪師的回答，癲瘋病人可以透過眼睫毛聽到那個牛叫聲，至於要聽到馬的嘶鳴聲，那必須要揉一揉他的眼睛。

▌公案非謎題

我想問你們一個問題：「有一個人走了，但是他並沒有離開家裡，可是也無法在家裡找到他，這是個怎麼樣的人呢？」

你可能覺得這像是一個謎題，可是我要你了解，這是公案。公案無法像解謎一樣，透過公案的參究，你或許可以找到，也或許不能找到，而禪就在其中，那個根本就在其中。

　　華嚴宗的思想中，談到三世一切諸佛如何在一毫端轉大法輪。其實要說明這個並不難。就好比我手中握著的一根針，所有這室內燈泡的功能也顯現在其頂端上，這就是「萬法歸一」。那這個根本到底是大還是小？我們無從比較。事實上，這個根本，其小，沒有比它更小的；其大，也沒有比它更大的。

禪的精神

　　佛陀入滅一千多年後，一位高加索僧侶菩提達摩（西元？～535年）來到中國，也帶來了他對佛教的詮解，並成為中國禪宗的初祖。但是在史料的記載上，除了一些傳奇故事外，中國禪對印度的根源很少做說明。其中，最有名的一則故事就是「拈花微笑」：佛陀手拈花朵，默然站立在僧團大眾面前，當時沒有人了解他的意思，只有佛陀的大弟子摩訶迦葉，向佛陀笑了一笑，佛陀於是說：「吾有正法眼藏，涅槃妙心，實相無相，微妙法門，不立文字，教外別傳，付囑摩訶迦葉。」而這「教外別傳」正開啓了禪宗師徒之間以心印心的傳承，一直流傳至今。

　　另外還有兩則故事，也可看到早期印度佛教中所展現出禪的精神。第一則是有關阿難尊者的故事，阿難是佛陀的得意弟子，能如實地將佛陀所有的開示記誦起來，然而佛陀在世時，他並沒有開悟。佛陀示寂後，摩訶迦葉召集佛陀所有開悟的弟子，一起來集結和記誦佛陀的教誨，由於阿難還沒有開悟，所以並沒有被邀請。於是阿難哀求摩訶迦葉，讓他參加集會，並且說：「佛陀入滅了，現在只有你能夠幫助我

開悟。」摩訶迦葉拒絕他說：「我不能幫你，只有你能幫助你自己。」阿難終於明白，現在只能依靠自己了，於是獨自一人精進修行，終於放下所有執著而開悟了。

第二則故事，則是關於佛陀的另一名弟子——周利槃陀伽尊者。周利槃陀伽又名小路，天生駑鈍，是佛陀眾弟子中唯一記不住佛陀教示的人。在僧團中，他被分派的工作是掃地，因為別的事對他來說似乎都太難了。掃了好多年以後，有一天，他突然自問道：「地已經掃乾淨了，那我的心地是否也清淨了呢？」就在那一刻，他心中的妄念完全脫落了！佛陀很高興地為他印證，證實他已經開悟成為阿羅漢。

▌禪，重視心的解脫

阿難尊者的故事告訴我們，知識和才智並非開悟的必要條件，就像小路這樣愚昧駑鈍的人同樣也能頓悟證道。因此，我們可以知道禪重視心的解脫更甚於知識的學習，但這不表示禪排斥聰明才智的人，也並非主張人最好愚昧一點，譬如釋迦牟尼佛、摩訶迦葉尊者和舍利弗尊者，都是博學多聞的人。所以，禪者重視的是心的解脫，如何從種種執著中解脫出來。

根據禪宗史的記載，在印度從摩訶迦葉到菩提達摩一共傳承了二十八代。然而，從釋迦牟尼佛一直到菩提達摩來

到中國，不太可能只有單一的傳承。可是在中國，同樣也相信從菩提達摩之後到惠能大師只有五個人得到了傳承。根據史實，不但菩提達摩有許多開悟的弟子，二祖和三祖也有許多。會出現這種單一、直線式的傳承，事實上是因為一般人認為只有直接得到法脈傳承的祖師才是傳人。的確，惠能大師有些弟子發展出自己的宗派，但只有兩派至今還留存，那就是臨濟宗（日本稱 Rinzai）和曹洞宗（日本稱 Soto）。

我是禪宗惠能大師以降第六十二代及臨濟宗第五十七代傳人，也是曹洞宗開山祖師之一洞山良价老和尚（西元807～869年）的第五十代傳人。在我之前的禪宗祖師們其實都不只一個弟子，但依系譜往回溯，看起來好像真的沒有其他的弟子。

我們接著解說禪修的主要方法。五祖弘忍大師（西元602～675年）有兩位傑出的弟子，一位是神秀（西元606～706年），另一位是惠能。神秀的方法是漸修，而且要持續精進地修行。他經常以明鏡來比喻心，認為修善可以拭除心鏡上的煩惱塵埃，所以要時時檢視匡正自己的行為，直到自性之鏡被擦拭明亮，達到心全然清淨為止。

惠能發現神秀的觀點，主要是建立在心的色相上，而他則採取不同的立場，強調「不住色生心」。也就是說，沒有什麼心鏡需要擦拭，自性原本就是清淨的，事實上就是佛性，無須袪除什麼，也無須加添什麼，這即如一句禪語：

「只要心無罣礙，東西南北各方都好。」

▍禪修得力的四要素

雖然每一個宗派都有自己的規則、作風和修行方法，但是目標都是一致的，就是要袪除心中的執著。只要你的內心是安定祥和的，禪沒有什麼絕對的標準。如果想要在禪修上開花結果，那就必須了解修行得力的四項要素：

報怨行：接受因果與業報的定律。今生遇到的困境，是過去行為的結果；現在我們應該要放下過去因所生的果，毋需為它感到悲傷或氣憤。

隨緣行：好運或順境都是來自過去的善業，一旦因緣散去，善報也就結束了。因此，遇到順境時，不用太過欣喜或驕傲。

無所求行：有所求必會招感苦果，唯有心無所求，才能夠從自我中心解脫出來，內心才能得到徹底的自由。

稱法行：明瞭自我與一切現象本來就是空的，就是清淨的；這不僅是四項中最重要的，而且包含了前三項。這是直接觀空，如此在幫助別人時，就不會執著於自我。認清諸法皆空的事實，就不會排斥種種現象。不過，即使我們的心已了無執著，仍然要盡力去做應該做的事；在尚未修行之前，或許開悟是我們的動機，但是一旦踏上這條修行之路，就必

須把尋求開悟的念頭拋開。

惠能大師在《六祖壇經》中強調的是，一種不講求次第的頓悟法門：不管時間與空間，內心不去分別善惡、好壞、對錯，徹底從分別中解脫，這本身就是修行。在《六祖壇經》中，心通常是指清淨心，或是說無念，這就相當於開悟。無念的意思，就是不要執著或堅持自己的想法。念頭和記憶必會出現，但不要再生起其他的念頭去攀附它。《六祖壇經》是以無念起始，其結果則是無相。於各種事相上若能無念，這就是無相；諸法無相，那也可以說是空了。無相就是清淨的心念，等同於智慧和覺悟。因此，惠能大師的教法沒有別的，就是要保持心的全然無分別，這樣也就能開悟了。

禪的目的是為了解脫煩惱，開啟智慧之門，而這藉由日常的定時修行便可以達到。如果每天沒有定時禪坐，想要減少煩惱、袪除執著並不容易，心也就很難平靜。即使沒有禪坐時，我們也要以一種專注、滿足、謙虛、感恩的心態來待人處事。我常常告訴我的學生，隨時隨地都要知道自己的一言一行；活在當下，這也是日常的修行。禪修和日常生活是不可分離的，應該並行不二。

然而，光靠日常的修行並不足夠，還需要長期精進的修行。偶爾我們應該撥出一段特定時間專門來修行，不管是獨自修行或參加禪期都可以。共修的好處在於可以依眾靠眾，

互相幫助，而且也比較安全。如果只是日常修行，而沒有長期精進的修行，修行力量會比較薄弱，而加強修行工夫最好的方法，就是參加長期精進的禪修活動。

禪的四個觀點

我想先以一個公案來開始今天的演講。唐朝有一位藥山惟儼禪師（西元 751～834 年），曾有弟子問他：「達摩未到此土，此土有祖師意（禪）否？」他回答：「有。」弟子又問：「既已有祖師意，又來做什麼？」他說：「只為有，所以來。」

所以，今天我來到華盛頓，是因為華盛頓有禪；而我來到這裡，是因為你們都知道禪。有哪些人對禪已經有所認識了？請舉手。沒有舉手的或許比那些舉手的人知道得更多！

今晚我將從四個觀點來說明什麼是「禪」，分別是禪的理論、禪的體驗、禪的目的，還有禪的訓練和修行，相信這幾個議題，應該能喚起諸位對禪的興趣和相關問題。

▍思惟理解的禪不是禪

第一，禪其實沒有理論；如果我們將它理論化，那就不是禪了。禪不能用任何邏輯思惟來理解，也不能用語言文字來解釋。不過，我在演講中還是會用一些理論來說明。

　　有兩個與禪有關的基本概念：一個是因緣，另一個是空；這兩個觀念是相關、不可分的。當我們說因緣和空的時候，事實上是在說存在的本質，它是暫時和無常的。一切現象的生起，是由於適當的因緣聚合；而一切現象的消失，也是由於因緣變化的緣故。

　　中國道家和儒家則援用《易經》的說法。「易」是變化的意思，持續不斷地變化，並稱之為「生」。由於因緣不斷變化——一切現象都是恆常在變化的，所以生生不息。一般人見到一切事物在生生滅滅，但《易經》卻認為沒有滅，而是生生不息。如果看見某物消失了，那就是錯過了看到他物的生起。

▌因緣和空與禪不可分

　　依佛教的觀點，當因緣變化，現象就會生起；現象是依因緣而生，而因緣是暫時、不斷在變化的，所以現象本身也是暫有的。由於只是暫有，所以並非真實地存在，因此也是空的。空並不是說沒有任何一物存在，而是說沒有一個永恆的、不變的「有」。

　　因為是空的，所以一切現象和「有」能夠生起；因為是空的，所以沒有一物是永恆不變的。如果事物永遠不變，那就不會有生起。譬如我們現在的狀況，如果都沒有任何變

化，那意味這場演講將無限期地講下去。但是當這場演講結束時，狀況就改變了。正因為我們處在因緣持續變化的狀況裡，所以才能一同聚集在這個大廳中。

因此，當我們一談論「禪」，就會發現「禪」不過是一個字、一個名相，很少有人能說清它的意思。一千多年來，禪宗的祖師和弟子們都在問這個問題：「祖師（達摩）西來意？」許多人也在尋找答案。禪師們從未直接回答，有些人甚至忽略它；沒有忽略的，也只是給予非常簡單的答案。

▌經驗知識只在個人心中

唐朝有一位趙州禪師（西元 778～897 年），曾有弟子問他：「師父，我們真正要學的是什麼？」趙州禪師說：「好，你可以喫茶去了。」接著另一個弟子來了，告訴他前一天曾有過的體驗，想知道這個體驗是不是禪？趙州禪師說：「好，你可以喫茶去了。」有個弟子聽到這些對話後，感到很困惑，便問：「師父，那兩個人問的是完全不同的問題，可是您都叫他們喫茶去，這到底是什麼意思？」禪師說：「你也可以喫茶去了。」

另外還有一個類似的故事，也與趙州禪師有關。有兩個弟子在爭論，其中一個說：「師父講，人有佛性，貓狗沒有。」另一個則說：「不可能，師父不可能那樣講。」於是

兩個就跑去找趙州禪師評論。其中一個說：「師父，您不可能講那樣的話。」禪師說：「你是對的。」另一個則說：「但我確信您是那樣講的！」禪師說：「你是對的。」在旁的一位侍者聽了說：「師父，可是他們兩個之中，應該只有一個人是對的啊！」禪師說：「你說得對。」

這些故事聽起來像是無意義的對話，但它隱藏的涵義是：存在或不存在、對或錯的想法，這些只存在你的心中，是你個人的經驗或知識，絕對不是禪。

▌原本就是白色的黑炭

第二，禪的經驗一定是直接、個人的，不可能透過教育或由邏輯推理中獲得。在禪期中，為了幫助學生體驗到禪，我經常要他們試著回到出生以前的狀態。出生後，我們便開始吸取和累積經驗，所以要試著去超越它。

在生命開始之前，你是誰？你的名字是什麼？你會如何回答這些問題？有一個故事，是說有位禪師叫他的弟子把黑炭洗乾淨，弟子們都抱怨那是不可能的事。但有個愚笨的弟子，二話不說拿了黑炭就開始洗。他心中除了師父要他洗黑炭之外，就別無他念，所以只是單純地洗著黑炭。有一天，他問禪師：「為什麼黑炭還沒有變白？」禪師說：「它不是原本就是白的嗎？」那弟子又看了黑炭一眼，說：「它的確

是白的，而且一直都是白的。」我們大多數的人看黑炭，怎麼看都是黑色，但是禪師和他那個弟子看到的卻是白色。

禪宗認為，透過修行和練習可以消除我們的分別心。喜歡或不喜歡的念頭和感受，都是來自於我們的經驗，如果你可以回到出生前的本來面目，就能達到沒有分別的境界。至於這樣東西是黑的或白的便不再重要，重要的是，你的心已從分別和既有的概念中解脫了。

▌切身領會的修行體驗

中國在西元四到六世紀之間，也就是南北朝的時候，有一位著名的道士，叫作陶弘景（西元 456 ～ 536 年），在山中隱居。他也是一位有名的學者，受到皇帝極大的賞識，並希望他能出來做官。但是，陶弘景拒絕了。皇帝問他，到底山中有什麼吸引他，讓他選擇了茅廬而非宏偉的宮殿？陶弘景就寫了一首五言絕句〈詔問山中何所有賦詩以答〉來回答皇帝的問題：

> 山中何所有？嶺上多白雲。
> 只可自怡悅，不堪持贈君。

皇帝讀了這首詩，發現有個地方不太合理，因為白雲到

處都看得到，不是只有在山裡。但重點是，皇帝和陶弘景看到的白雲有很大的不同，這就是體驗。一個修行者體驗的道，沒有修行的人是無法領會的。

還有一個著名的僧人，寒山大師（西元約 691 ～ 793 年），經常有人問他：「你有什麼？」他總是說自己擁有一切，因為「細草作臥褥，青天為被蓋。快活枕石頭，天地任變改」。

寒山大師體驗到的是與大自然合一，和世界渾然無別的境界。他的鞋子是樹皮做的，褲子則是樹葉做的，但大多數的人卻認為他什麼都沒有。

▌不執著當下，禪的經驗現前

唯有放下出生以來所累積和吸收的一切，禪的體驗才會現前。所以我在教學生禪修時，首先要他們將念頭分成過去、現在和未來；接著再告訴他們，放下過去與未來的念頭，只剩當下這一念；最後則要連這個當下都放下，因為並沒有當下這樣東西，它不過是過去和未來的橋梁。當你不執著當下時，禪的經驗就能現前，但這只是最初步的層次。

你可能會有一個疑問：如果我們必須放下個人經驗，回到出生前的狀態，這是不是說新生嬰兒最接近禪的境界呢？不是的，新生嬰兒並不知道什麼是禪，因為他的心識還沒有

開發，也無法控制心的作用。唯有當你能掌控心的作用時，才能夠放下知識和推理，禪的體驗就可能現前。

▌波動的心看不見真實

如果把一個人打昏，讓他進入無意識的狀態，這是不是禪？這是胡說。如果對於過去或未來毫無所知，心是一片空白，那是禪嗎？像這樣空白的心是非常疲憊的，也不是禪。只有非常清明、覺照的心才可能體驗到禪。

我可以用一個比喻來描述禪的經驗。想像著有一個水面和一面鏡子，水面在即使是最輕微的碰觸下也會產生波動，而鏡子卻是完全不動的。鏡子雖然會被灰塵蒙蔽，但只要除去灰塵，就能清楚地反照；如果水被攪動，就無法反映形象，映現出的也只是扭曲的影像。水的波動就如同心的波動，我們的心會波動，是由於受到了個人的知識和經驗的影響；因為有了知識和經驗，所以我們不停地下判斷，就如同波動的水無法清楚地反照；一個波動的心也無法看得清楚——無論看見或自以為看見的，都不是真實的。

▌真正的佛法無法被描述

例如現場大約有五十名聽眾，你們每個人有不同的背

景、不同的經驗，以及不同的教育程度。由於這些差異，每個人都會用自己的方式來解讀這場演講，因此聽到的也就不太一樣。所以這或許是一場演講，也可能是五十場不同的演講。這就不是禪！如果是禪，那麼當一個人在講的時候，就好像是只有一個人在聽。如果真是那樣，那我就沒有在這兒說的必要了；因為在我講之前，你們已經知道我要說些什麼了。

我們還可以一則早期禪宗的故事來說明。有一次，皇帝請了一位禪師說法，為了準備這場勝會，還特別請工匠建了一個華麗的講台。說法的時間到了，禪師登上講台，然後坐下，隨即就離開了。皇帝感到很訝異，禪師卻說：「我已經把我要說的全部講完了。」

不可言喻的才是最高的佛法，任何可以被說明或描述的，都不是真正的佛法。關於這一點，禪師們已經說了很多很多年。

用鏡子比喻，再丟掉鏡子

當我們談到水和鏡面上的影像時，我們注意到，一面完全乾淨的鏡子要比一個穩定不動的水面反映得更清楚。然而六祖並不贊成鏡子的比喻，他指出如果還有鏡子，那就是還有一個心，就不是禪了。雖然如此，我們還是借用鏡子來說

明，之後再把這面鏡子丟掉。

鏡子所反映的只是鏡子之外的東西，如果一個人到達了像鏡子一樣的境界，那他也只是反映自身以外的東西。對這樣的人來說，因為沒有將自我涉入，所以他所看見和感受到的，都只是存在的現象；一旦沒有了自我，就不會有分別或喜歡不喜歡的感受。

但這還不是最究竟。如果除了對環境的覺知以外，好像什麼都沒有，也沒有明顯的自我，但還有一個能覺知環境的自我。這種情形，已經是在統一心的狀態，這種狀態也被稱為「一心」。但它仍然不是禪；如果是「禪」，一定是「無心」。

一面不加揀擇、如實映現的鏡子，還是與真正的禪不同。在禪的境界中，一切事物都在，只是鏡子不在；一切都清清楚楚地照見，無內亦無外，也沒有存在或不存在、有或沒有的概念。

▌真正的禪的體驗

第三，這樣的體驗有什麼好處呢？這便將我們帶入第三個部分：禪修的目的。禪修對自己和許多其他的人有很多利益，這些利益可以從三個層面來看：首先，是身體上的利益，然後是心理的平衡和健康，最後則是開悟的潛能，也就

是心靈層面的利益。

　　禪修可以幫助修行者的內心更平穩，並增進心理的健康。身體不健康眞正的原因是心理不平衡，而禪修可以強化心力和能力。即使是身體有了病痛，一個修行人也會抱持正面的態度，去做他應該要做的事。健康的心理是修行的基本目標，不過在開始的階段，打坐也可以強化體能。打坐可以維持和集中「氣」──一種流動的能量，道家和瑜伽也有這方面的修行。

　　修行最大的利益是開悟，也就是眞正的禪的體驗。這有什麼好處？我只能說：開悟前，有需要和不想要的東西，也有喜歡和不喜歡的東西；開悟後，則沒有什麼東西是一定要或一定不要的，還是喜歡或不喜歡的。你們明白嗎？這就是爲什麼我會說，你們都已經知道禪了。我們在開悟前，有多少的煩惱，還有很多我們必須做和不想做的事情。我們會期求開悟，也有可能會開悟，不過一旦開悟了，就不再有開悟這樣東西。這個時候，已沒有什麼是我們必須去做的，也沒有什麼是不必去做的了。

▎不再爲自己修行或追求

　　臨濟義玄（西元約 787 ～ 867 年），一位著名的禪師，在他師父座下修行時開悟了，但是他的師父並沒有立刻察

覺。有一天,他的師父在巡視並確認弟子們是否都在用功修行,卻發現臨濟躺在席子上睡著了。他的師父用手杖叫醒他,並問:「你身旁的人都那麼精進修行,你怎麼可以這樣懶散?」臨濟看了師父一眼,拿起被子和蒲團,又躺到別的地方去了。

他的師父看臨濟移動了身子,便問:「你在做什麼?」臨濟義玄回答:「還有什麼是我要做的嗎?」他的師父聽了,走到正在用功修行的大弟子前面,拿起手杖便用力打了他幾下,說:「有人在那邊用功修行,你在這裡做什麼,睡成這樣?」這個大弟子自言自語地說:「這個老和尚真是瘋了。」從那一刻起,臨濟沒有再沉睡,而到各地傳法去了。從他開展出來的宗派名為臨濟宗,在日本同樣也以臨濟宗聞名。

臨濟禪師的故事顯示了,悟後其實什麼都沒有,不需要再為自己修行或追求什麼,只有需要他幫忙的眾生,為眾生而努力。

集中心就是只做一件事

第四,禪的訓練和修行可以分成三個層次:一、從散心到集中心;二、從集中心到統一心;最後,放下統一心達到無心。

　　散心非常容易發現，一般人都能覺察到自己的念頭任意竄流。我們可以來做一個實驗，請你們舉起食指，並注視著它。只是看著，不要有任何想法，盡量地放鬆。

　　我們已經試了三十秒，你能夠做到沒有念頭嗎？如果不行，那就是散心。當我們用散心來做事，就無法發揮全部的潛能。

　　一位禪師，有一次告訴他的弟子：「禪修非常容易。就是該吃飯的時候吃飯，該睡覺的時候睡覺，該走路的時候走路。」一位弟子說：「我知道如何吃飯、睡覺和走路，其他人也知道，那所有的人都是在禪修嗎？」禪師說：「並非如此，當你吃飯時，你的心不在吃飯上；當你睡覺時，你的心不是一直做夢，就是迷失在空白的模糊狀態；當你走路時，則只是在做白日夢。」

　　有一次，我們在紐約禪中心，請了一個木工來做一些整修。他在牆上釘釘子的時候，朝窗外看了一眼，忽然看到一位非常漂亮的女士經過，結果就打到自己的手指，而且還把釘子給弄彎了，最後只好再重新來過。他的心在做什麼？顯然不是在工作上，而我們大多數的人也都是如此。我們必須用特定的方法讓散亂心達到集中，即如那位禪師所說的：吃飯的時候就只是吃飯，睡覺的時候就只是睡覺，走路的時候就只是走路。當修行時，要將心維持在集中的狀態；如果聽到聲音，或是想到、感覺到什麼……，不論你正在做什麼，

就只是在做那件事，而沒有其他的，那就是集中心。

▌集中心擴大，分別感消失

當你將集中心進一步擴大，最後自我和環境的分別感就
會消失──你和世界已經沒有分別。如果你不斷重複誦念一
個咒語，最後就會和咒語合一。這個境界有許多層次，在最
初的層次，是和方法合一；進入較深的層次後，不論是你感
受到的，或是聽到、看到的，都和自己一樣。在這個時候，
你與自己所見到和所聽到的並沒有差別，感官不再有個別的
功能，而這是中階的層次。更深入一層，你會覺得自身中有
一個無限寬廣的宇宙，但這個體驗仍然還不是禪。

到了這裡，我們必須要用禪的方法──公案或話頭，來
打破這一心的境界。這樣我們就能開悟，就能體驗到禪。

變與不變

　　《楞嚴經》裡有一則關於波斯匿王的故事。波斯匿王六十二歲的時候，和佛陀談起「老」的問題，並問是否有東西是不會改變的。他說：「我不只是一年一年地變老，甚至每月、每天、每秒都在變老。」佛陀問他：「你已經看到了『無常』，可是你看到『常』了嗎？」波斯匿王不知如何回答，於是佛陀又問：「你看過恆河的水嗎？你三歲時看的水和現在有什麼差別？」波斯匿王回答說，那時的水和現在沒有什麼不同，佛陀便說：「所有外在的現象都不停地在變，唯一不變的就是變本身。」

　　我們一直處於逐漸衰老的過程中，只是平常沒有察覺而已。從十歲到二十歲有許多變化，從二十歲到三十歲也有許多變化，一直不斷變化。當我們最後成為老人時，才發現原來自己已經度過這麼多的人生階段。人一生最痛苦的時刻，大概有兩種情況，一個是與相愛的人生離，一個則是死別。生離比死別更令人傷痛，因為人死了，已經不能再做什麼；通常在歷經了最初的痛苦時刻後，大概都能體會，再哀傷下去也沒有什麼用。這兩種情況都會讓人感到很痛苦。

▌變，是唯一的不變

大多數的人害怕死亡，對死後是否還有生命感到懷疑。即使相信有來生的人，也不免對死亡感到苦惱，因為他們不確定是否能和所愛的人重聚。中國著名小說《紅樓夢》的主角林黛玉，因為看到桃花在最美時凋落，而聯想到人生不也是如此，也可能在最巔峰的時刻就離開人間了。她為花朵的凋零而哭泣，並埋葬了它們；同時也想到自己死時，又會是誰來埋葬呢？她因此體會到，人生不過是生離與死別罷了。

有關無常這一個主題，唐朝詩人白居易也曾寫過一首詩，詩名為〈賦得古原草送別〉：

> 離離原上草，一歲一枯榮。
> 野火燒不盡，春風吹又生。

《紅樓夢》中，少女心中的悲傷與詩人所感悟的，兩者的差別是在於前者只看到了事物的衰敗和無常，而詩人卻體會到不斷更新、自然界循環的世間相。詩人雖然看到了凋謝，但同時也看到了繁榮。他講的是道家的思想，不過由於談到了因緣，所以也是佛教的思想。所有事物的聚合，皆因過去的因緣不斷地聚散所致。「有」中必有「空」，「空」中也一定有「有」。詩人並沒有因為無常而憂愁，只是覺察

到了世間變化。

《楞嚴經》提到，所有的事物都是在變化之中，有什麼不會變呢？波斯匿王所堅信不變的水，只是名稱上沒有改變；今天從恆河取回來的水，絕對與波斯匿王當時所看到的不同。有些哲學家和神學家也許會爭論說，宇宙中還是有一些恆常不變的物質，或者是有一個偉大的存在，譬如神或上帝，不過這都不是佛陀的體悟。佛陀告訴我們，萬物皆有不變的佛性。佛性是恆常的，並且不在現象之外；它沒有基本的物質體，也不是一個名為神的外在實體。

唐朝崔護也做了一首詩〈題都城南莊〉，內容為：

去年今日此門中，人面桃花相映紅。
人面不知何處去，桃花依舊笑春風。

這首詩說的是，有一年桃花盛開了，帶給詩人莫大的快樂，隔了一年，桃花依舊，但人事已非，卻給詩人帶來了悲傷。這首詩真正要說的是，雖然大自然沒有改變，但是人的感受改變了。

我們要知道，煩惱是沒有必要的，因為自然界總是一直變化，不斷地生滅。如果我們了解這個道理，就不會因為某些東西出現或存在而高興，也不會因為某些東西消逝而懊惱。我們不會因為獲得某樣好東西而興奮，也不會因為失去

它而沮喪。

　　有一次我在東京，和朋友們約好了一起搭火車。這火車是按照相同的路線一直在城市中環繞。當我來到火車站時，其中一個朋友還沒有到。有人就提議不要等了，繼續我們的行程，但是另一個人反對說：「萬一他坐過站了呢？」我回答說：「沒關係，這火車會一再地來回環繞。」

　　一旦發生變化，我們真的無法預料事情會演變成什麼樣子；我們無法明確地預知未來。但是有一個可以確定的原則是：現在與我們有關的，未來也會與我們有關。也許大家都曾有過一種經驗，明明才剛剛碰到的人，卻有一種似曾相識的感覺。或許因為過去世就認識這個人，可能他曾經是家人，也可能是親密的朋友。

▌不違因果法則

　　有些人在遇到惡劣處境時，總是想盡辦法逃開。臺灣有位藝術家，覺得臺灣不安全，所以移民去了美國，可是沒有多久，卻在佛羅里達州車禍身亡。另外，還有一個例子，有一個人算命，結果被算出會溺水而死。他為了安全，所以便留在家裡。三天後，卻在洗臉時死了。像這樣難以置信的事的確會發生，如果你命中註定會遇到，終將會遇到。不變之中含著變，如果那個被算出會溺死的人，在那幾天外出，也

許眞的會淹死在河裡或湖裡。可是他的情況，卻是死在家中。

因經常在變，果也經常在變；可是因果的法則不變，它是恆常不變的。事物持續地在生滅，可是對一個還沒有開悟的人來說，恆常不變的只有這個「死亡」。凡夫的煩惱，來自於對變與不變的不了解。人不但生理在變，心理同時也在變。一個人也許生來貧窮，但是最後卻發達了；也可能是開始時富裕，卻以窮困告終。沒受教育的人可以成爲博學多聞的人，低劣的品格也可以轉化爲優秀的品格。我們一直處於變化的狀態中，如果沒有變得更好，那就是變得更糟。而唯一不變的，就是我們的佛性。即使是最壞的人，到頭來也會求懺悔；只是當時在個性的驅使下，做了那些不好的行爲。

大部分的人對來生抱有期望，雖然不能完全肯定有來生，卻仍然懷抱期望。他們以爲來生的變化，不過是換上了一張新面孔，原有的好處仍然存在，這是自私的心態，只會給自己帶來煩惱。完全解脫的人是不被變化所困擾，你可以說沒有一樣東西不是他們的身體，也沒有一個地方他們一定在或不在。他們無處不在，沒有固定的地點。這才是眞正的自由，眞正的解脫自在。

平靜和激烈的方法

如何練習「話頭」？有兩種方式，一種是溫和的，另一種是激烈的，雖然是同樣的一個話頭，但兩種方式是非常不同的。

譬如，如果用「我是誰」的話頭，你可以用非常輕鬆的方式問自己這個問題，這個方法對脾氣暴躁或性情不穩定的人尤其有用。以輕柔的語調、溫和的態度來問，心會漸漸安定平靜下來，不再那麼衝動或焦躁了。

▋方式不同，力量不同

另外一個是比較激烈的方法。但是，必須先能夠把自己的心保持得非常平穩安定，才可以使用，否則可能會發生傷害，因為他可能會進入一種狀態，好像準備要殺人。他可能會變得十分易怒、猛力撞頭、搥胸自問：「我是誰？」在這種狀況下，什麼事情都可能發生。因此，這種強力猛烈的方法不能夠輕率地使用，否則說不定會發瘋的。溫和的方法適用於一般人，但無法產生巨大的力量；反之，強烈的方法可

以產生巨大的力量。

　　如果你用的是溫和的方法，即使開悟了，從這種經驗所得到的力量比不上激烈的方法。怎麼知道力量不夠巨大？這很難說，通常只有在某些情況出現時，你才知道自己從修行得到的能量並不充足。譬如，某人急需幫忙，但是假使去幫忙他，你可能會害死你自己。雖然你已經在修行了，並已獲得開悟的經驗，可是還沒有足夠的力量，在開悟的體驗消退後，仍然有許多的煩惱。執著生命，害怕死亡，而處於這種躊躇猶豫的狀況下，無法實踐大慈悲行。當艱難的困境出現了，尤其是面對生與死、名和利，或兩性關係之時，儘管心裡明白正確的途徑，但本身的行為卻往往導向另外一個方向。如果是用激烈的話頭方法，當實證開悟的時候，由於爆發的剎那（即開悟的瞬間）力量非常強大，因此從這個體驗中積聚了許多能量。之後，便可以擔當重責大任，因為經過深厚的修行和體驗，他已經放下、斷除了自我的執著。

▌通通放下，投入話頭

　　不過這種激烈的方法不可以在平常使用，只能在禪期中，沒有受到干擾或中斷的修行期間。一開始，師父告訴你放下所有對於身體和心理的牽掛，忘掉身體感受的舒適與否，忘掉自己是健康的或者是生病的，甚至不要害怕死亡。

不管精神上已準備好了沒有，就是把自我、全部的生命投注
在方法上；也就是把所有的身心、念頭和其他任何事情通通
放下，把自己徹底地投入話頭中：「我是誰？我是誰？我是
誰？」在使用這種非常激烈的方法時，如果能夠無視於自己
的問題，就不會害怕死亡，至少暫時不會。一旦開悟了，即
使是在非禪修期間、平常生活裡，對死亡也不會感到恐懼。
當然，這種激烈的方法，只有內心已經非常安定的人才能夠
使用。

第二部

───────

禪與日常生活

禪與日常生活

　　首先，我要感謝格蘭教授（Professor Grant）及華盛頓大學（Washington University）今天的邀請。諸位從對我的介紹中，或許會認為，既然我已經寫了這麼多的書，對佛教一定非常了解吧！其實在學佛及修行的過程中，我學到了一件重要的事，那就是寫完一本書後，就把它忘掉，它已成為過去式了。另外，還有一件重要的事，那就是錢要存在銀行或放在自己的口袋裡，而不要放在心中。同樣地，一個修習禪法的人也應該時時保持著「無心」。

　　直到昨天，格蘭教授才告訴我今天的講題──日常生活中的禪。三十年前，我可能需要一些時間來準備；但如果講題是和禪的修行有關，那就沒有準備的必要了，因為禪是不立文字的。為什麼說禪是不立文字的呢？最重要的一點，禪不能靠過去的言教來體悟，甚至連釋迦牟尼佛說的也不用相信。如此我們才不會被舊有的聽聞言說，或自己閱讀過和經驗過的人事相所障礙，而是直接去體悟禪。我們必須將過去置諸腦後。

▌放下自我沒煩惱

　　今天早上我在韋柏斯特大學（Webster University）演講，談的主題是有關「放下與遺忘」。有人說：「要將自己的過去整個扔掉，將所知的一切全部拋棄，聽起來真是嚇人！」我並沒有真的要諸位把腦袋瓜放空，像顆乾掉的南瓜，或變成植物人一樣。我們當然要學習，但不要將所學的緊抓著不放，不需要一直將它放在腦袋瓜中。但這可能嗎？當然不容易。昨晚我住在哈里斯教授（Professor Harris）家，今早我們一起用早餐時，他的妻子問我：「您昨晚睡得好嗎？有沒有什麼打擾到您的？」我說：「我睡得很好。」我告訴他們，世界上很難找到沒有噪音和干擾的地方。哈里斯教授進一步說，其實我們無論在哪裡或做什麼，總是自尋煩惱，把自己的心弄得吵雜哄亂。這是真的，最干擾我們的不是周遭的事物，而是腦海中不斷浮現的東西。腦海中不斷浮現的是什麼？就是與過去、現在和未來糾結不清的念頭；特別是想要又得不到，或者是想擺脫又擺脫不了痛苦的時候。

　　或許有些人看起來，總是能得到他們想要的；好比一個校園情聖，他一個晚上可以和三個女朋友約會，表面上看起來，好像他想要的人都能得到，然而他還是只能從這三個人之中選擇一個。他真的能同時擁有三個女朋友嗎？畢竟還是

有一個極限。或許你以爲要擺脫自己不想要的東西很容易，但事實卻非如此；許多人就是結婚以後，才發現離婚並不是件容易的事。

我們在做決定時，往往會把過去、現在和未來牽連在一塊，以致過程中充滿了矛盾；但我並不會爲此特別感到煩惱。我有一連串、一個接一個的活動要參與，在臺灣和美國又有許多弟子，總是非常忙碌。不過，這些繁重的責任、義務和工作量，卻不曾使我心煩意亂。有人問我，怎麼有辦法把那麼多的事情都處理好？其實很簡單，因爲我從不把自我放進事情當中。因爲不是爲了個人利益，也不爲自己留後路，所以沒有什麼想做或不想做的事。對於該做的事，我總是全心全意。而對於現下因緣不許可，不是必要、或能力做不到的事，也不會刻意去做。

這是否意味著我經常改變方向，一件事情試一試，然後放棄它，再去嘗試別的？不是的，我做每一件事都不離一個中心目的，就是盡量學習，抱持著和菩薩一樣的態度，盡可能地去利益他人。如果我做的事能爲他人帶來利益，對自己也沒有什麼傷害，那很好；即使有時需要犧牲一下自己也無妨。因爲我是用這種方式來看世界，並保持著這樣的態度，所以沒有大煩惱。

▌放諸四海皆準的禪

但是要知道，願意犧牲自己，實際上是聖人的標準，大多數人都做不到。不要把不切實際的要求加諸在自己身上，現在的能力是怎樣，就去做怎樣的事。所以不要認為自己必須當一個聖人，示現神蹟。儒家講見賢思齊，而佛教以菩薩為典範，但這是對那些因緣已成熟的人而言，其他的仍有待因緣時機。當你還沒有真正達到這種境界卻自認為是菩薩，的確是有問題的。

有時我會遇到一些人，將我視為偉大的導師。對於這樣的人，通常我會說：「抱歉，要讓你失望了！請不要把我當成聖人，否則你最後會對我造成傷害。」為什麼有人要添加自己的痛苦，裝成他人理想中的對象，讓人心存幻想呢？我們大多數的痛苦是來自於自己或他人對我們不切實際的要求。

許多人覺得禪是東方的文明，在西方沒有用處。佛教剛傳到中國時，也出現了類似的態度。許多中國人認為佛教是一種外來產物，不適合也不能順應中國——如果僅僅對某一個民族、文化或團體有用，那真的是無用的，沒有價值的。

曾經有個出家人問他的師父：「菩提達摩到中國，帶了什麼來？」師父回答說：「什麼也沒有。」他追問道：「難道沒有帶來佛陀的教誨嗎？」師父回答說：「沒有，佛法一

直都在中國。」他不解地問：「如果佛法已經在這裡了，那菩提達摩爲何還要來呢？」師父的回答很有趣，他說：「因爲佛法已經在這裡。」你們明白他的意思嗎？

▍心就像一面牆

　　菩提達摩告訴我們的是什麼？他說，每個人都可以成佛。一切眾生皆有佛性，只是還沒有體悟到。要如何才能證悟到這一點呢？菩提達摩給了我們兩種途徑：第一種是理入──不需要研讀經教或修行，也沒有什麼要說或要做的，只要讓你的心像一面透明透亮、如如不動的牆。你可以在牆上面掛東西，也可以在上面塗寫，但牆本身不會改變。就是這樣，在這種證悟的狀態下，你的心可以擁有知識和經驗，但不會受它影響。事實上，心中空無一物，就像牆的本質不會隨著掛在牆上的東西而增加或減少。

　　當心迷惑時，你以爲內心的種種就是你自己，於是不斷想擺脫某些東西，放進其他東西，反而使內心更加騷動和迷惑。心是很奇怪的，當你不需要一些東西時，偏偏不請自來，老是在心中出現；而當你需要某些東西時，卻又遍尋不著，怎麼想也想不起來。

　　今天下午有人來找我，卻忘記原本想說什麼──那些話好像在躲著他。爲什麼會這樣？如果你的心是沉著冷靜的，

根本不需要拚命在腦海中搜索想要的訊息。隨著平靜的心，便可信手拈來。當你腦中一片空白時，那是因為你的心正隨著渴望、憂慮，以及苦惱一塊飛舞；如果你的心能像一面牆，那麼此刻就和佛心一樣了。你能夠讓心像牆壁一樣嗎？你能把過去的知識和經驗通通鎖進一個倉庫，並且不讓它們脫逃嗎？有誰認為可以做到的？

我們經常會遇到話講不停的人，有時言不及義，只好請他們閉嘴。這種情況還容易解決，如果是想教自己的心安靜下來呢？你能夠教心中的妄念安靜下來嗎？大概不能吧！

▌報怨行：受苦肇因過去造作

因此，菩提達摩教給我們第二種方法，即「行入」。他將修行的方法分為四個階段，第一個階段——報怨行，是與苦有關。我們要明白，凡發生在自己身上的問題與困難，全是源於過去的業；現存的一切，皆可在某一地點、某一時刻找到它的起因。或許我們無法確知這個起因是什麼；我們所經歷與當下圍繞在身邊的一切，往往可追溯自無量無數的過去世。但是大多數的人無法探視遠久的過去，也無法證明過去世的存在；即使是在這一世，我們有許多事情早已記不得。當我們遇到不愉快和不幸的事時，應該要知道，那都是源自於過去所造的業。或許我們無法完全察覺這個「因」是

什麼，不過我們應該明白，這個「因」就是自己，並接受現在所面臨的「果」。

無條件地接受，是否表示禪法是被動或消極的？完全不是。由於我們了解現在受苦，是因為過去的所作所為，就會明白，當下即是未來的基礎。我們馬上就可以種下一個新的因，來轉化現在的痛苦，立刻讓自己轉向一個更積極正面的方向，這樣就能償還我們在過去世所累積的債務。重要的是，我們要明白償債是要運用目前手邊的資源，來適當地採取行動。這並不意味著屈服。如果這棟房子失火了，一定有它起火的原因。我們該怎麼辦呢？應該想辦法滅火呢？或者是坐下來，研究是怎麼起火的？我們當下要做的就是滅火，不需要去追究原因。唯有全力以赴盡人事，我們才能無怨尤，清楚而坦然地接受結果。

▐ 隨緣行：喜樂來自過去成果

在第二個階段——隨緣行，我們逐漸察覺到，即使是碰上了好事，或者是令人愉悅的事，同樣也是源於過去種下的因。不要沉溺於這種幸福的感覺，也不要因為這個好運，而以為自己有多特別、有多優秀。不要讓這種事情加深「我執」，畢竟，當好事發生時，我們只不過是在享受過去自己辛勤工作的成果罷了。這就像是從銀行提款一樣，從自己的

帳戶領錢，有什麼好驚喜的呢？

並不是所有快樂的事，都像表面上看起來的那樣。有些人在舒適的環境中，仍然能找到不滿意的地方；而許多擁有財富、權力和地位的人，也不見得是快樂的。即使像男孩遇到女孩這樣簡單、平凡的事情，也可能因周遭其他的因素，而無法共創幸福的未來。這並不是說他們一定不會幸福，而是當幸運和快樂的事來臨時，不應該感到驕傲或自滿。很多人在成功之時，往往就忘記了他們自己。

中國有一個故事，主角是一個贏得了彩票的乞丐。那個乞丐一直把彩券偷偷地藏在他的竹拐杖裡面，後來發現自己中獎了，高興得不得了，下定決心，以後再也不去乞討了。就在一陣狂喜中，把他的舊衣服，以及僅有的一點財產，一股腦兒全扔進附近的一條河裡。然而不幸的是，他的拐杖也在那些扔掉的東西當中。一切都太遲了，他只能眼睜睜地看著竹拐杖，還有他的新生活一塊兒順流而去。一個禪修的人，應該要保持鎮定的態度。如果得到一筆錢，就讓它來；如果失去了，就讓它去吧！無論是在哪一種情況，都不應該讓心狂亂地波動。

▌無所求行：無所求的態度

到了第三個階段——無所求行，修行者已經能夠保持一

種無所求的態度。當然，無論在東方還是西方，如果你不著手去做，似乎沒有一件事可以完成。通常我們都有一個想要滿足的欲望或奮鬥的目標，這很自然，同時也是一種激勵；但經常發生的是，我們無法達到自己所追求的目標。中國有一句諺語：「有意栽花花不發，無心插柳柳成陰。」在場大部分的聽眾都非常年輕，但也大到足以為自己的人生做很多的規畫。甚至可能早在小學低年級時，你心中對未來就有一些想法了。然而你的目標在升上初中時是否有了改變？或在高中時？還是在大學的頭一年？

　　哈里斯教授擁有哲學博士學位，同時也在授課，他還有音樂的碩士學位，而現在正在學習按摩和物理治療。我很好奇他真正的目標、主要的目的到底是什麼？雖然他從事這麼多不同學科的研究，但我不認為這對他來說是一個問題。他正走在自己的路上。就像一棟有很多入口的房子，你可以從東邊或西邊進來，也可以搭直升機直接從屋頂進入屋子裡。你可能會選擇某一種方式進去，但不喜歡所看到的，於是再嘗試另外一個入口。無論你是從哪一個門進去，所看到屋內陳設都是相同的。但是，如果你頑固地堅持要從某一個入口進去，卻又無法越過那道門，那就會是一個問題。如果其他人都能從這道門進去，唯獨你不能，就必須尋找另一種方式。至於別人怎麼看你，那並不重要。

　　心無所求，也沒有一定要達成的目標；然而，我們必須

努力工作，沒有努力工作的人生是沒有意義的。我們需要
動力來完成日常的事務，但在修行方面，設立某個特定目標
本身就是實現這一目標的障礙。一般的目標可以藉由欲望和
努力去實現，而最高的心靈修行目標，卻無法以這種方式來
達成。例如：假使你修行是為了要開悟，那你將會發現，那
個目標離自己愈來愈遠。開悟是什麼意思？開悟的意思是解
脫──同時從自我及外在世界附加的束縛中解脫。有所求，
即使是為了要開悟，也是一種束縛。

▌稱法行：正向、積極直率的行動

現在，我們到達了第四個，也是最後一個階段的修
行──稱法行。每個方法都能逐步地達到更高的層次。要做
到第一階段非常容易，第二個階段也是，第三個階段則比較
困難，很少人能進入這階段。修行到第四階段的人，只是單
純地去做應該做的；無論你需要我做什麼，我就去做。到達
第三階段的人，或許能把工作做得很好，但在態度上可能還
是有一些消極；而進入第四階段的修行者，表現出來的則是
完全正向、積極直率的行動。

我曾經遇到一個年輕人，高中畢業時就想要成為一名律
師。但他沒有通過入學考試，最後只好改念圖書館學系。
起初他很失望，但畢業之後，他赴法國研究法國的圖書館系

統，最後獲得了圖書館學的博士學位。後來，他應邀回臺，因爲臺灣很少有圖書館學的博士，而中央圖書館正需要這樣的人才。當時他來問我的意見，我引用了一句中國諺語對他說：「你這是『上了賊船』！既然被海盜抓走了，就不妨好好當個海盜吧！」我要他就留在圖書館學界好好地耕耘。他從法國回來後，還特別來感謝我；看來這個決定對他來說滿好的，或許比成爲一名律師還好。

　　無論你發現自己處在什麼情況中，都要盡力做到最好，但不是在恐懼或渴望的幻想中努力。當情況變化時，你也要隨之改變。有了這種態度，你的人生應該會很平順，而煩惱和困境也會減少。

鬆與緊

有一次，有位學員問我，在臺灣主持禪七的方式與在美國有什麼不同？因為他讀了幾篇臺灣學員的心得分享，覺得我對臺灣的學員比對美國的學員還要嚴格，要求更為嚴厲。我回答他：「基本上我對待東方人和美國人並沒有什麼差別，只是在不同的社會及文化環境中，有些人比較願意接受較嚴格的方法，有些人則不願意。」也就是說，我對華人和美國人的態度其實是相同的，特別是在美國的禪期裡，然而在不同的社會與文化情境下，我可能會有些不同的帶領方式。不過，即使是處在同一種文化環境中，每一次禪七，為了因應當時每一位禪眾的狀況，我還是會做些適當的調整，所以每次禪期也有些不同。

▌休假與精進禪修大不同

記得有位住在佛羅里達州的中年女性華僑，她回到臺灣來探訪親友，並表示希望能參加我主持的禪七。我婉拒她說：「你是來臺灣旅遊的，應該好好地玩，修行是很辛苦

的，還是不要參加好了。」但她說：「這種修行機會相當難得，我想試看看。」我又問她：「那你會打坐嗎？」她說：「不會。」我說：「你連打坐都不會，怎麼能夠打禪七呢？」她回答說：「我不是來學打坐，而是來鍊心的。」

真有意思！於是我就答應她了。但我告訴她：「早上大家起床時，你可以繼續睡。在打坐的時段，如果你想要，你可以起座去散散步，如果覺得無聊，也可以隨時離開禪堂，等想要打坐了，再進禪堂跟大家一起打坐，只要不打擾到別人用功就可以了。你甚至可以不用蒲團，就坐在椅子上。」那位女士聽了就說：「那太好了！不過您待我為什麼跟其他人不一樣呢？」我說：「我不相信你真的想修行，你根本就是來休閒渡假的。」

另外，還有一位學員，是年紀更大的老太太，雖然她學過打坐，但我也允許她用比較輕鬆的方式參加。因為她跟我說：「我已經很老了，沒有辦法承受太嚴格的課程安排。如果睡眠不足，我白天根本撐不住；如果連續坐太久，我的腿、背就會很痛，恐怕也很難熬下去。」所以我告訴她們：「你們兩位是特例，就睡在同一間寮房吧！你們可以自由行動，是否準時出席用餐，都沒有關係。」

剛開始時，這兩位女士都過得很愉快。當她們在禪堂打坐了一段時間，感覺有些累了，就會看看彼此；如果其中一位起座，另一位也會起座，她們都一起進出禪堂的。到了晚

上，當其中一位看到另一位準備去睡覺了，也會跟著起座，然後一起回寮房；即便大家都還在打坐。

可是三天之後，她們發現大家都很精進用功，於是有了一種奇怪的感覺，便跑來問我：「師父，我們來這裡究竟是為了什麼？」我反問她們：「你們不是來修行的嗎？」她們回答說：「但如果我們繼續像前三天那樣修行，即使過了七天，我們能從中得到什麼利益嗎？真令人懷疑。」我說：「既然如此，你們願意和大家一起用功嗎？但是我不會勉強你們遵守嚴格的規矩，你們還是可以隨意行動，想做什麼就做什麼。」

▌從鬆到緊的用功

這兩位女士決定要效法大家，遵守嚴格的規定。在禪七的第四天，她們吃盡了許多苦頭，可是到了第五天，她們生起了很強烈的慚愧心。老太太覺得自己晚景無多，沒有多少時間可以修行了；而來自佛羅里達州的女士，則認為能夠回到臺灣參加這樣的禪七，實在是非常難得的機緣，不應該再浪費自己的時間了。

她接著想：「就算死在禪堂也沒關係，我不再提早起座去睡覺了，也要像這些年輕人一樣用功！」事實上，當她看到有些人在那裡動來動去時，就覺得：「這些年輕人並不

了解修行的眞諦，只有我們老人家才知道什麼是修行。我們的來日無多，而他們還年輕，身強體健，怎麼不好好用功呢？」

有一次老太太坐上蒲團，好長的一段時間都沒有動。佛羅里達州那位比較年輕的女士就想：「她都那麼老了，還能坐得那麼久，一動也不動，我應該也能辦到吧？」其實她是在和那位老太太較量了。過了兩個鐘頭，她再也熬不住了，正準備起座，卻看到老太太依然坐在那裡。

於是她下定決心：「管它呢！我寧可死在禪堂裡，也不起座了。如果老太太做得到，我也做得到！」最後，那位老太太坐了四個鐘頭，她則足足坐了六個鐘頭。在所有禪眾當中，就屬她們兩位，尤其是佛羅里達州那位女士，得到的成果是最好的。

這件事告訴我們，在禪的修行裡，該鬆該緊，並沒有一成不變的規則可循，而是隨著不同的情況改變。一般說來，對年輕人如果不用嚴格的規矩，他們會把修行看得很簡單，沒什麼用，而最後就離開了。但是老人家和某些處境特殊的人，一旦發現自己是在浪費時間，蹉跎修行的機會，就會產生很強烈的慚愧心，儘管規矩很鬆，反而會拚命用功，並且得到最佳的成果。

日常禪修和精進禪修

今天我要講禪修的兩種不同方法：日常生活中的禪修，以及在特定地點與時間的禪修，例如在禪期中。

很多人向我提出有關持續修行的問題。其中，一個禪修多年的人說：「我已經聽聞佛法多年，也非常精進地練習。但好像每當煩惱出現時，還是無法擺脫，我的修行看來是沒有用的。」

另外一個人說：「我每天都要管理兩百個人，指派工作給他們。如果我不指派，他們就不知道要做什麼事。當他們有困難時，就丟給我解決，他們的問題變成了我的問題。兩百個人把問題丟給我，造成我很重的負擔，我一點都不喜歡這份工作。」

第三個人則說：「我已六十歲，過去曾經幫助過許多人，我覺得現在應該是認真修行的時候了，但是我放不下那些需要我幫助的人。譬如，最近我做了個夢。在夢裡，我和一大群人在一起，我聽到一個聲音：『你不能只顧著解決自己的問題而置他人於不顧，你應該繼續照顧其他的人。』這事困擾著我，因為假如我只顧自己修行，就無法同時照顧這

些人了。如果我選擇獨自修行，要叫我放下那些需要我幫助的人眞的很困難，即使在夢裡，我還是不願意，也不能棄他們於不顧。」

▌三種禪修常見的問題

我提出這三個例子，是因爲與許多人都有關係。你們有多少人有類似的問題？當煩惱出現時，我不認爲你們大多數人能立即斷除它。觀念上，不應該讓別人的問題成爲自己的煩惱，不要讓他們的問題造成你的問題，但實際上只有少數人能做到。

用裝滿顏色水的玻璃容器來做比喻，讓大家更容易了解這個觀念。無論水是什麼顏色，不管是髒或乾淨，玻璃容器永遠都是透明而不受污染的。如果你面對的問題是我之前提到的例子，你眞正能做的是自我提醒：「我就像那玻璃瓶一樣，有顏色的水不會污染我。」即使只是偶爾做到，也已經很不容易了。可是，大部分的人都不像那只玻璃瓶，反而像一塊布，畫筆一畫，顏色就著上去了。大多數人，即使遇到了事不關己的問題，卻也變成了自己的問題。

那位六十歲的人想要修行，但沒有足夠的決心，或無法捨離他原來的習慣與熟悉的環境。很多人都和他一樣，覺得對家庭、工作，以及其他的責任未了。一旦人們無法放下責

任、習氣和興趣時，是無法真正修行的。

你們大多有我所描述的問題。假如某個精神失常的人向你吐口水，或踢你一腳，你會如何回應？你可能會說：「我從未遇過這種事，他是個瘋子，所以不能對行為負責。」但如果真的發生了，你還會認為無所謂嗎？事實上，我的確看過這樣的事。有一個精神失常的人，突然在街上打人，被打的人向警察報案，警察說：「這個人是瘋子。」但他堅持說：「你應該把他關起來。」警察回答：「他以前曾被關進看守所，但又被釋放出來了。」那人大聲地說：「既然確定他是瘋子，應該再被關回看守所。」警察補充說：「你不應該這樣生氣，他是個精神病患。」那個人最後還是說：「不管我生不生氣，他都不應該在外面滿街亂跑。」如果這事發生在你們身上，你們會怎麼做？如果你的心態正確，你會認為這是那個瘋子的問題，你會覺得無所謂，並且不會產生這樣的煩惱。

我為什麼要問你們這些問題？是為了要指出，如果只在日常生活中修行，是不夠的。僅僅是在日常生活中練習，而要達到清淨與和諧的境界，是非常困難的。因為在日常生活裡，我們處在不斷混淆和波動的情緒中，所以不容易達到心不隨境轉的寧靜。這也就是為什麼每年參加一、兩次持續的禪修，是那麼地重要，而在生命歷程中，花一段長時間做精進禪修是需要的。

　　如果沒有每天練習，可能無法保持對修行的熱忱；如果沒有定期的精進禪修，甚至無法體驗片刻真正的清淨。每天練習才會有用，有兩個理由：保持對禪修的興趣和熱忱，並且提醒自己是個修行人。這樣的提醒，讓你覺得在生活裡，被上上下下的情緒所煩惱是不對的。當然，深層意義的清淨，只有在長時間的精進禪修裡，才能體會得到。

▌日常與精進禪修雙管齊下

　　由於日常修行和精進修行同等地重要，所以對那些向我抱怨修行困難的人，我各給了他們三種不同的答案。第一位被持續煩惱所阻礙的人，能夠承認無法斷絕煩惱心，我認為是好的，因為這表示他已經在修行了。如果沒有在修行，他是無法認清這個事實的。於是我告訴他，他是非常有善根的。我對他說：「你就像有些人，有眼睛可以看，有頭腦可以想，但是手腳卻不聽使喚。往前看，如果往相同的方向繼續走，你就會踩到一坨大便。因此你決定改變方向，但腳卻不聽使喚，最後還是踩上去了。」

　　這樣的比喻，我們這裡有多少人經驗過？我想每個人都有過。不過，對即將發生的事有個了解，至少比盲目和愚蠢好得多。愚昧的人甚至不知道什麼是屎，如同盲人看不到他前面的東西一樣。已經開始修行和對佛法有些了解的人才知

道怎麼往前走，那些還不知道佛法的人，無法認清屎糞或煩惱，因為他們的眼睛是閉著的，或是他們根本不在乎。

我把這個例子說給一位因煩惱而沮喪的人聽，他又恢復信心了。他告訴我，他很高興，因為我說他很有善根，即使遭遇了這麼多的困難，假如沒有善根的話，是永遠都無法知道自己有煩惱。他接著說：「修行真的非常困難，我什麼時候才能覺察煩惱，並能夠不受影響呢？」我告訴他，這是可能的，但我無法預料他什麼時候可以達到那種境界。我說：「你必須持續不斷地修行，那麼煩惱就會漸漸地消失而不造成困擾。只要持續修行，終有一天可以不受煩惱的影響。」

▌認識、辨別和對治煩惱

修行人對治煩惱的三個階段：認識、辨別煩惱，這是初修行者的階段；接著是對治煩惱。

當問題來時，應該很清楚知道問題的本質，以及問題是如何產生的。面對煩惱時，不應起瞋恨心，接受它就是了。我們應該懺悔造成煩惱的過錯，並且希望不再犯。

煩惱只生起一次，然後就消失了，不會再回頭。接著煩惱可能再起，但同樣地，也會永遠消失，問題也就一部分、一部分地消失。很多人，當他們開始修行時，希望所有的煩惱立刻消失。一開始修行就能夠完全克服煩惱嗎？這可能

嗎？是可能的，但只有善根深厚廣大的修行人才有可能。只有那些再出世的菩薩，才可能一開始修行就有如此高的境界。

▌春風吹又生的煩惱

如果你才剛開始修行，當強烈的煩惱心生起時，是無法克服的，但是不必感到前景幻滅或失望。就像我們在照顧這屋後的小花園一樣，野草除不盡，春風吹又生；所以我們必須再三不斷地剷除野草。假如因為野草不斷長出來，我們就決定不去剷除，那野草就會長滿整個花園，那麼後院永遠沒有乾淨的一天。如果我們不停地努力，至少花園總會有乾淨和整齊的時候。如果有人認為努力斷除煩惱是枉然的，因為煩惱無法立即消除，而且仍會繼續滋長。我會對他說，從此以後，你上過廁所不必擦乾淨，吃完飯也不必洗碗了，反正你今天、明天、天天都要上廁所啊！如果你覺得今天上廁所擦乾淨是徒勞的，因為明天還要再擦，那又何必做呢？假如今天洗乾淨的碗盤，明天還是會髒，為何還要去洗它呢？這對動物大概還可以，但是人畢竟異於動物。所以，當你認知煩惱的存在，就應該在它每次出現時，努力去對治。

而我對那個管理兩百個人的居士說：「你難道不了解，你應該在每天的日常生活中修行嗎？你說你必須分配工作給

其他人，幫他們解決問題，這就是一個絕佳的修行機會。」
他回答說：「我了解師父說的，但我覺得自己完全無法在日
常生活中修行，我只會生氣或心情惡劣。」我接著說：「每
天至少打坐兩小時，每個星期天全天打坐，每年參加兩次禪
七，然後你就能夠處理生活裡的任何問題，把它們當作修行
的機會。」

▍服務精神不能缺

　　假如在生活裡，你所做的都是為其他人的利益著想，那
麼生活裡的每一件事都像在禪修一樣。舉一個例子，昨天我
們在禪中心舉辦了一日禪，在用完第一餐後，有一位禪眾義
務去清洗碗盤。在禪修結束前，他一共洗了兩餐的碗盤。我
問他是否對洗碗特別有興趣。他答說：「完全不是。」我又
問他這樣做是否是為了累積功德。他告訴我：「我從沒那麼
想過，我這樣做只是因為沒有人願意洗。」他的態度似乎是
合理而正當的，但事實上卻是不正確的。他的出發點固然是
好的，因為至少他自願幫忙洗碗，但是態度卻不正確，原因
是他沒有在禪修期間，以服務他人的精神來完成這件事。為
他人服務是禪修絕對必要的，我們應該珍惜任何修行的機
會，即使是在困境之下。有這樣的態度，所有給我們機會的
人，我們將視為菩薩，是幫助我們修行的人。

▌ 感恩修行的機會

如果有人侮辱你或無理地給你難堪，你不是應該感恩他給你修行的機會嗎？當然是，但這只是對大修行人而言，而不是我們。我曾問大家是否願意有這樣的修行機會，大多數人說：「不，現在我還不想這麼做，先讓我工夫練好，然後再面對這種情況吧！」

有一次，禪期結束了，禪中心尚有一大堆清理的工作要做，可是每一個人都急著回家。所以，我馬上找了一位禪眾，對他說：「現在有一個機會讓你變成大修行者。」他顯得很有興趣並說：「好啊，我願意變成大修行者。」於是我把待做的工作一一告訴他，毛巾要拿去洗，還有所有雜物都要清理好。他的熱情立刻明顯減退，他說：「我看下次有機會我再做大修行者好了，現在我想回家。」儘管禪修的目的是訓練人們成為大修行者，但是禪期一結束，反而是我變成大修行者了，因為其他所有人都回家了！

我對第三位禪眾說：「你已經六十歲，知道禪修的重要性了，我勸你放下所有的事物，把全部心力放在修行上。沒有足夠而深刻的修行，能夠給予別人的幫助是有限的，無論你多麼盡力，都不會圓滿、徹底。但是，如果你好好修行，你給人的幫助將變得無限大，這就是為什麼要把修行列為首要大事。」

　　成為大修行者並不容易，開始時我們只是一個普通人，所有一般人的問題、困難和懷疑都會遭遇到。但從問題中學習，不斷地努力，經常保持用功、更用功，直到達到目標為止，唯有這樣才能夠成為一位大修行者。

第三部

———

以心相應

慈心觀

　　修習慈心觀能幫助我們祛除瞋心，並生起度眾離苦的願心。一個以菩提心來修習慈心觀的人，不但會設法幫助眾生從身心的苦痛中解脫，如果因緣具足，也會引導眾生從佛法中得到喜樂，最終進入涅槃。

▌慈心觀的五個層次

　　慈心觀的修行有五個層次，第一個層次是去觀對我們有利、有害，或無利無害的有情眾生，經由這三種關係來觀想眾生，可以讓我們更了解該如何幫助他人。

　　第二個層次是觀想自己。當我們和他人接觸、互動時，通常會依著自己喜歡或不喜歡的感覺去回應，我們要去探究，為什麼會有這樣的感覺？這些感覺多數是來自於我們對這個互動關係的覺察、判別，這個互動是會為自己帶來利益呢？還是傷害？不過，如果我們能夠了解，「心」不過是一連串不斷變化的感官印象和妄念時，就會驚覺到，根本不需要去執著這些印象或感覺，也沒有理由去喜歡或不喜歡與他

人間的互動關係。

第三個層次是去探究，在與眾生互動的當下，到底發生了什麼事情？我們要從一個物體與另一個物體接觸的角度來觀。比如讚美和指責，其實只是聲音或者音波的振動進入了我們的耳朵；而微笑或皺眉，也不過是眼睛對光線的感知。這些外在的現象就和身體一樣，都是虛幻不實的，一旦我們能領會到，便不會再有喜歡或討厭的感受，而能平等地對待一切眾生。

可是在這個階段，還不是真正的慈心，那我們如何才能對那些沉迷於一個虛幻自我的眾生生起慈悲心呢？

在第四個層次的觀想對象還是一切有情眾生，不過此時是著重在眾生所受的苦，以及受苦的原因，也就是眾生的無明愚癡，不知道「我」的真實自性。眾生不清楚自己行為的動機，或許也不明白自己為什麼會快樂或生氣；他們執取事物，害怕遭受損失，因此而受苦不已。

▎沒有不變的關係

我們應該要了解，有情眾生的身心其實並不自由，而這也是另一個讓人受苦的原因。有時明明知道某些事情不能做卻做了，就好像有兩個自我，各自往不同的方向拉扯。有情眾生歷經生、老、病，然後死亡，在這短暫的一生，每個人

都經歷了種種的身心苦惱，所以對眾生要有慈悲心。

　　慈心觀的第五個層次，仍然是觀有情眾生，不過此時是要平等觀，與我們既非有利，亦非有害，更不是毫不相關。其實只要能了解眾生和我們的關係不是固定的、永恆不變的，自然就能做到平等觀。我們無法確定，現在與我們有善緣人，過去一定沒有敵對過，反之亦然；總之，沒有任何一種親密或敵對的關係是確定的、不變的。若從過去、現在、未來三世來看，每一個眾生在過去生都曾結過緣，未來世也可能會再結緣。能夠這樣想，所有的眾生與我們就是平等無差別，如此便能生起慈悲心。

以心相應

　　我人在臺灣或是紐約，其實並沒有太大的差別。只要你們用功修行，我們彼此就是親近的；如果各位把修行忘在一邊，即使我一天到晚把你們抱在懷裡，那也沒有什麼用處。所以，我的色身在哪裡並不重要，重要的是，我們的心是不是能夠相應。不過，儘管每位禪師都希望能與所有的弟子以心相應，但要每位弟子都做到，似乎也不大可能。

　　我的教導一直陪伴著你們，就如同我對諸位的期望。在離開之前，有一些話想要和大家分享。

　　各位應當謹記你們修行的目的和應有的態度。從這個角度來說，有時我不在，對你們反而比較好。如果我老是待在你們身邊，你們就會想：反正師父都在嘛！有問題或疑惑隨時都可以去找師父。只有我離開了，你們才會了解有師父在身旁是多麼地難得！諸位要學著珍惜這樣的機會。

▌不自私，利己又利人

　　另外，我想強調的一點是：不要自私。什麼是自私？就

是做任何事情老是想到自己的利益和目的。我教禪的目的，就是在幫助各位一點一滴地把自私心除掉。

各位應當避免驕傲自大，但也不要貶低自己；其實這兩種心態通常是相關聯的。一個人之所以那麼驕傲，是因為知道自己的缺點而企圖掩飾它；自卑的人則是耽溺於自己的弱點，而想要博取他人的注意。自私會長養諸不善，例如貪婪、不知足、嫉妒，甚至於瞋恨。

不自私並不是要我們完全放棄自己，而是說，做事情不要只為個人的利益著想。我們希望身體健康，是為了讓自己更有能力幫助別人；希望自己身心清淨，有智慧、功德，目的也是為了要幫助別人。

用這種態度，會讓我們自身的利益受到損失嗎？不但不會，事實上，還會得到許多利益，甚至擺脫了可能面臨的苦難。就算做事失敗了，也不會不快樂；即使蒙受損失，也不會太失望。一個人如果真的能做到不自私，就能經常保持知足和愉悅的心情。所以，放下個人自私的考量，等於解決了所有的問題。

剛才我所說的都是修行的理論基礎，最要緊的是，我們的心是否能與它相契？有些人在理智上雖然明白，但就是無法從不善的習性中解脫，也無法將這些道理深入內心或運用在生活中，而這些唯有透過修行才能辦到。

我們不應該把修行的重點，放在可以獲得多少利益或者

開悟這件事上，這種想法會障礙你；但不追求、不渴望，並不表示就不要修行了。想要真正進步，還是要用修行的方法。各位只管運用、練習我所教的方法，而不必考慮自己到底進步了多少。

佛教徒的命運

　　今天我想談談算命這件事。其實，我曾經遇過好些很有才幹的算命師，可惜的是，他們的命運都沒有特別好。一個相信命運天註定的人，一定不會有個快樂的人生；而相信佛法，以及了解人生並非天註定的人，一定可以活得很快樂。

　　佛教徒是不相信宿命論的。佛陀不相信命運，他認為所有的事物、所有的現象都是由心所生，重要的是，要多培養與佛法相應的正知見，過正當的生活，精進的修行。透過正確的知見、生活與修行，我們就會愈來愈成長。一味相信命運，只會讓我們陷入周而復始的循環中；懂得用佛法，我們就能掌握每一天，每一天都是新的開始。

　　今天是佛陀的誕辰，一個新生命的開始。身為佛教徒，我們相信自己不會被命運左右，相信自己的未來是取決於現在的所作所為，如果行為正當就可以改變命運。

┃ 以佛法指引，不受命運支配

　　好多年以前，我遇過一個人，他試著用生辰八字來幫我

算命，結果算出我會有兩個妻子和三個孩子。好了，現在我連一個妻子都還沒有遇到，而我也不覺得在未來的日子裡會遇到。

臺灣有位老禪師，聽說有個瞎子會摸骨幫人算命，就是透過摸脊椎、手臂和腳來預測人的未來。老禪師決定自己去試試看。那個瞎子算命師告訴他，他會有一個很美滿的人生，不但擁有很多妻妾，還有許多孩子。老禪師付錢之後便離開了。後來他評論道：「這是瞎子在說瞎話。」

我相信有命理學，可是對佛法更有信心；如果你接受佛法，你的命運就不會如預測般地發展。可是，如果你的生活並沒有與佛法相應，那你的未來就會很準確地被預測到，而命運也將被註定。如果以佛法為指引，並也修行佛法，人生就不會受命運所支配。

依據命理學，人一生的歷程，在誕生的那一刻就決定了。因此，東方的命理師便利用人的出生年、月、日及時辰等四種條件，來解讀一個人的命運；這是他們討生活的方式。也有的算命師是透過面相、手相、身相、骨骼及聲音，來揭露你的命運。

▌同時出生，命運一模一樣？

釋迦牟尼佛誕生的時候，他的父王與母后請了全國最負

盛名的命理師來為太子相命。這些命理師被視為神祇一般，他們說這位小太子實在太特別了，他長大以後，不是成為轉輪聖王，就是會離家修行，證悟得道。

如果我們看看歷代高僧的生平，會發現他們的出生往往伴隨著一些奇異、特別的事情，不是擁有非凡的人格特質、不尋常的生理特徵，就是出生時有異象發生。似乎是在襁褓之中，就可以知道，他們未來必定會成為偉大的高僧。

接下來就有另外一個問題了。同一個時間出生的兩個人，命運也會一模一樣嗎？我深信在雷根總統出生那一天的那一分鐘，同時也有很多人出生，那表示這些人也都註定會成為總統嗎？

經典告訴我們，佛陀誕生前，這個世界的人，有很多是為了迎接佛陀的降生，才從他方世界來的；而一些在佛陀之後出生的人，則是為了要成為佛的弟子，延續他的教法。雖然和佛陀同一個時間出生的還有其他人，但是只有佛陀得道成佛。

你曾經遇過出生日期、時辰和你完全相同的人嗎？如果有的話，你將發現你們兩人的人生是完全不同的。

我曾經遇過一個很富有的人，他跟我一樣是在馬年出生。他問我是在什麼季節、在哪裡出生的？我告訴他，我出生於冬天，在中國一個寒冷之地。他說難怪我現在會這麼貧窮，因為我出生的地方那麼荒涼，沒有青草讓可憐的馬吃，

當然不會發跡了。但我確信，如果我出生在比較溫暖的地方，命理師仍然可以找到一個解釋，說明我為什麼會是今天的我了。

▌修行佛法，可以改變命運

　　無可否認地，在我們誕生的那一刻，很多東西就已經決定了。譬如我們的身體，每一個人都不一樣，那是由無數前生業緣積累而成的結果；所有的這些業緣就在我們出生的那一天匯集在一起。但是，如果我們有機會學佛，並且接受、修行佛法，不僅命運可以改變，連面相也會改變。

　　有一位富有盛名、從臺灣來的星宿命理師，依止我皈依三寶。他向我吐露說，他現在對於在美國做一個星宿命理師，感到有些不安。他覺得自己行的是外道法，並非真正的佛法。我告訴他說，做一個命理師也沒有什麼不好，一般人還是可以因他的建議而得到助益。

　　我問他可不可以預測自己的未來？他說現在有點困難了。從前他感覺自己的準確度是百分之百，最近卻老是失算。在學佛以前，每天一早醒來，他就習慣為自己占一卦，可是現在沒有辦法很清楚地看到未來。我問他是否可以幫我占一卦？他拒絕了。

　　我認識的某個人有一位朋友具有特異功能，可以透視水

晶球看人的前世。可是當我請他幫我看的時候，卻看不到任
何東西。真是可憐啊！我竟然沒有前世。

▍前世今生，看現在就知道

你們之中有多少人希望知道自己的前世呢？經典上說，
如果你想要知道自己的前世，就看看現在的自己。看看你現
在發生了什麼、面對了什麼，這些就足以說明你的前世，所
有你需要知道的部分。如果想知道未來有什麼在等著你，就
看看現在的自己。你現在所做的一切，正塑造著你的未來。

所有在今生面臨重大問題的人，皆因過去生或無數過去
生的作為，才會經歷這些困難。不過，即使你真正地知道了
過去的一切作為，或許也不會開心。因為這個太複雜了，令
人懊惱，也沒有什麼用處。

舉例說，如果你知道你的兒子過去生是你的爺爺，你要
如何對待他？是把他當成兒子？還是爺爺？如果你知道你的
太太曾經是你的奶奶，你會有什麼感覺呢？

根據經典上說，大約在數百年到一千年的時間中，與我
們有親密關係的通常都是相同的一小群人；就是這一群人在
相繼的每一生中不斷地轉換著角色。經過一段很長的時間，
與我們互動的人群會逐漸增多、變大。家人、親戚、朋友，
我們持續建立了無數的關係，以至於今生遇見的人，百分之

九十九都是因為前生業緣的關係。

▌學習控制自己，轉逆為順

　　人很奇怪。有些人生來就有福氣、有好相貌，或是深具聰明才智，可是卻很衝動或情緒化，結果總是把順境變成災難。對這些人來說，自我控制似乎是很容易的事，內心也很認同。但不知道是什麼原因，他們就是無法控制自己的情緒，為自己和周遭人的生活帶來混亂和困擾。就好比一個人，往河裡走，明明知道會溺死，也告訴自己要轉身回頭，可是卻還是繼續往前走，直到溺死河中。

　　我們必須學習著控制自己，有力量駕馭自己的心，也需要學習打坐。如果你討厭某些人，那麼就把他們當成佛菩薩。佛菩薩會以兩種形式出現：當要幫助我們時，就現出一個樣子；而要與我們對立時，又現出另外一個樣子。對於缺乏能力和勇氣的人，幫助他是比較好的方式；但是對於個性強烈的人，採取對立卻是比較好的方式。如果了解佛法和業報，就能把逆境扭轉為順境。

　　如何才能改變命運呢？我們要知道，有因必有果，有行為就有果報，然而在我們遭受苦報或善報之前，還會有其他的因緣產生，所以這些果報的性質還是可以改變的。如果我們這一生的言語、行為能與佛法相應，就能不斷為我們的業

增添正向、良善的因緣。因此，當前世的業緣成熟了，實際降臨在我們身上的果報，也就會因正向行為所產生新的因緣而改變了。反之，如果我們的所作所為，僅僅是為了滿足私利，而與佛法不相應，那麼我們就會像一艘在大海中浮沉的扁舟，無力決定自己的航道。

▎正面看待事物，增強心力

身為一位佛教徒，必須要有強大的心力來改變自己的命運。如果我們能正面地看待事物，以行善為目標，就可以增強自己的心力。如果我們的所思、所言與所行皆與佛法相應，就可以逐漸改變自己的生命。

在臺灣，我有一些出家弟子，實在很難相處；也有一些在家弟子，從來不聽我的話。你也許會認為，應該把他們逐出寺院。但是身為一個出家人，我不可以叫他們離開，因為很可能就因此而剝奪了他們接觸佛法的機會。這是我永遠不會做的。

我跟一個朋友提起了這些人，他聽了之後說：「沒有問題。」我請他詳細說明一下，為什麼他會認為，像這樣難以相處的人並不難相處呢？他回答說：「如果這些人真的那麼難相處，他們要不就是個惡棍，要不就是菩薩的化身。但我無法想像一個處處不滿意、看不順眼的人會來出家，如果連

佛法的修行也難以調伏他們，那唯一的解釋就是，他們是菩薩的化身，而他們來到這裡一定有很特別的原因，因此也就沒有必要擔心了。」

臺灣還有另一位出家人，也是我的弟子，他是個很奇特的人。我給他買了一打襪子，而他一雙襪子總是穿很久，要到產生異味時，才把它脫下來，扔到角落，然後再抓一雙新的穿。當一打襪子都穿過一輪之後，他就把襪子翻過來，再穿一輪。他從來不洗襪子，我感到非常困擾，只好再請教我的朋友，他說：「沒有問題，這位出家人一定是一位偉大的阿羅漢，不然他為什麼會那樣做呢？」你們認識的人中，還有誰跟我一樣幸運的？周遭圍繞的不是偉大的阿羅漢，就是大菩薩。

▌改變心態，不被命運左右

曾經有一對夫婦來見我，彼此批評著對方的壞習慣。我問他們，認不認為自己是個好人？他們都回答「是」。因此我告訴他們，看來他們都找到了一位良善的人做生活的伴侶。如果找到的是壞人，那麼反映在他們身上的便是不幸。既然他們都是善良和有道德的人，兩個善良和有道德的人生活在一起，這就沒有問題了，他們可以和樂地共同生活。

一念就可以改變我們對事物的看法，只要有正確的觀

念，就能夠把情境完全扭轉過來。如果被狹隘的短見所拘，那將永遠被命運左右；如果眞的依短見來行動，將永遠無法解脫煩惱，也將會與交惡的人持續著不好的人際關係。除非我們改變自己的心，改變我們看待事物的方式，否則無法脫離這永無止盡的宿命輪迴。如果心態和看法改變，就不會被降臨在我們身上的事所淹沒，也不會被圍繞在我們周邊的事所壓迫。這世界就會像淨土一樣。

▌佛在心中，逃脫眾業羅網

　　曾經有一個人來找我，告訴我，他要去坐牢了，問我該怎麼辦？我回答：「做爲一位佛教徒，本來應該盡量避免去犯罪、坐牢，現在既然一定要去，就要試著讓生活充滿幸福和快樂。」他看著我說：「在監獄中，我怎麼還能期望有快樂呢？」我告訴他，我也曾經坐過牢，而且還很喜歡那裡。

　　那是在西元 1961 到 1967 年間，我在山上閉關。我活動的空間只有 60 平方英呎（大約 1.6 坪），比監獄囚犯的還要小。我也認識一位作家，在坐牢期間寫了很多的文章，產量豐富，甚至完成了好幾本深具文學價值的書。很明顯地，他善用了被囚禁的時間。

　　我們必須了解，今生發生在我們身上的事，都是前世所作所爲的結果。我們必須學習以佛法來做人做事，才能從

過去生眾業所編織的鐵網中逃脫出來。這就是我們成長、提昇的方式。如果我們不能改變自己的命運，那麼平凡眾生就無法成佛。我們是用自己的心來創造未來，如果念頭是道德的，那我們的未來就是道德的；如果念頭是邪惡的，那我們的未來將充滿不幸。如果佛在心中，那麼有一天我們就會成佛。

北美的禪佛教

　　我雖然不是土生土長的北美居民，不過因為居住美國多年，觀察到了一些現象。人們常常提到生活緊張、步調繁忙，並把這些現象歸咎於工商科技的快速發展，這些發展影響了我們的生活，也讓我們很難不緊張。

▌物質生活，快樂天堂

　　北美非常獨特，是一個文化、風俗與各種國籍的大熔爐。新的概念和資訊，不斷地轟炸現代的人。所有最先進的概念與科技似乎都湧入北美，不斷地吸收新東西困惑了我們的心智。要知道什麼該選擇、什麼該追隨，真的不太容易了。北美的生活，物質非常優渥，但精神上卻感貧乏，人們普遍地感覺不安和疏離。中國有句諺語：「夫妻同床異夢。」即使是在關係密切的家庭中，很多人還是缺乏安全感。而居住在這個許多不同文化組成的國度中，我們是不是感到更加疏離呢？

　　好像我是在強調北美生活不好的地方，真是抱歉。不過

我認為北美的生活還是有好的一面，不然，為何地球上幾乎
所有地方的人們，都希望來這裡尋找快樂，以及實現他們的
夢想呢？對於地球上億萬計的人們來說，北美是個理想的地
方，一個像天堂的地方，擁有無窮機會。而北美真的如同眾
人想像中一樣嗎？從物質來說，與其他國家相比，北美或許
的確如此。

▌精神生活困於半空

　　不過對於已經在這裡居住的人民來說，他們又覺得如
何？從各位身上，我感覺到你們之中，有不少人並不能肯定
這裡是天堂。事實上，許多人認為北美的生活猶如上帝嚴厲
的懲罰。雖然他們有許多的休閒娛樂與奢華物品，但是他們
感覺上帝只把他們領到半途，還未送達天堂。他們被困於半
空中，隨著飄蕩不定的風搖擺。感覺如同無主的孤魂，流離
失所。由於太過忙碌，許多人甚至不知道自己處於這麼可憐
的處境，受困於精神的貧乏。雖然日夜狂熱地工作和嬉戲，
可是卻沒有真正的目標，做不了自己生活中的主人。

　　這是不是北美生活的正確寫照，就看你們個人的觀點。
如果我所描述的情況有些許真實，那北美是需要禪的。通常
是在人們發現了他們有困難之後，才知道需要禪；如果沒有
遇到問題，那禪對他們來說是毫不相關。如果沒有任何問題

需要解決，那探討北美是否需要禪也就變得無意義了。

禪是什麼？

禪（至少）是三種東西：禪是修行；禪是無法言說的智慧；禪是一切現象——無一物不是，無一處不是。

就修行方面來說，禪修的方法不只存在於佛教和印度教，其他宗教也有。雖然印度教和漢傳禪宗的祖師們都教導禪坐的方法，但是兩者注重的不同。印度的禪坐在佛教還沒傳入中國以前就已存在，而中國的禪佛教則循此發展而成。高深的禪定功夫，一經引入中國，便被民眾熱切地研究與練習。

▌傳統印度禪，用方法集中心念

禪定是印度原始宗教中很重要的一部分，這包括了最主要的印度教以及佛教。禪定的正式方法如同瑜伽一般，而瑜伽中一個重要的部分是心的紀律。禪用各種具體的方法來集中心念，包括數息、觀呼吸、觀身體的部位、觀某種聲音等，目的在於讓一個充滿了煩惱與繫縛的散亂心，成為集中的心，進而達到內外環境都能統一的一心。

由於我們無法集中心念而導致心的散亂，而煩惱也因此而形成。傳統的各種印度禪定方法，教導人們如何從這令人不滿意的狀況中解脫出來。禪的最高教法不是仗著印度的瑜

伽技巧或心念的集中，反而是超越它們。不過，對於禪修初
學者而言，這些基礎的心的訓練，仍是必要的。

▌歷代祖師教禪，觀察自心開始

　　歷代的祖師典籍中，也有這些根本方法的教導。四祖道
信（西元 580 ～ 651 年）的《入道安心要方便門》建議我
們，學習禪修應從觀察自心開始——獨坐靜處，將身挺直，
衣服放寬鬆，沒有束縛，放鬆身體、神經和心情，按摩數
次，讓身心調和。接著他描述運用這個方法可以達到的層
次。首先，你會感覺內外環境的開闊與純淨，繼續加深集中
力達到一種境界，然後連集中的念頭也消失了。最後超越了
所有思惟的境界，達到內外環境的完全統一，這時候，所有
的分別消失了，這個境界我們稱之為涅槃。

　　另外，五祖弘忍禪師（西元 602 ～ 675 年）也有一個說
明禪定的例子。從《修心要論》中，我們看到五祖所說和
四祖有雷同之處。他說初學者應該依據《觀無量壽經》來修
行。這是一部討論無量壽佛的淨土經典。經典說，將身坐
直，嘴合攏，眼睛前視。你可以觀想太陽的光輝沐浴著你，
必須學習牢牢地抓著真心，也就是不動的心，不讓你的心住
在或停滯於任何一件事上。弘忍也談到調氣息，莫讓呼吸紊
亂，時而粗短、時而細長，這會導致疾病。其餘如宋代的長

蘆宗賾禪師（西元 960 ～ 1279 年），以及日本曹洞宗的創始人道元禪師（西元 1200 ～ 1253 年），都有教導基本的禪修方法。

印度禪坐的方法讓人入定，來到中國後，受到肯定也被人採用，不過大多為初學者使用。如果一個很有體驗並有長久禪坐經驗的人，可以不需要使用這些方法。禪不止於禪定，可以透過其他和禪定沒有關係的特別方法來證悟。

▎放下束縛，超越種種

禪是不可說的智慧，無法用語言來表達或描述，也無法用邏輯的思惟來想像或理解。任何能以語言來表達的都不是禪，無論多美妙，都不是禪。有一則百丈懷海禪師（西元 720 ～ 814 年）的故事，說明了語言的有限。有一天，他登上寺院的法堂，叫弟子們說出個名堂，但不能用嘴巴。有一位出色的弟子溈山大安（西元 793 ～ 883 年）趨前回說：「與其讓我們把真相說出來，為何你不自己說！」

另外一個說明智慧不可說的例子，在描述惠能大師生平、記錄其教法的《六祖壇經》內可以看到。五祖弘忍禪師把衣缽傳授給惠能大師，象徵著把法傳承給他。其他的弟子爭相搶奪衣缽，因為他們把衣缽視為權力與地位的象徵，而不是老師對學生在修行上的認可。弘忍禪師指示惠能往山裡

逃逸，躲避那些想要搶奪衣缽的人。其中有一位同門的師兄，出家前曾是一位相當有威望與權力的將軍，最後追上了惠能大師。惠能大師把衣缽放置於一塊大石上，並說：「拿去吧！這不過是一個象徵，何須相爭？」

那位師兄回答說：「我不是爲衣缽而來，我是爲法而來。」在這樣的機緣下，惠能以六祖的身分第一次開示佛法。最後，惠能大師說了句：「不思善、不思惡，哪個是你當下的本來面目？」他的師兄聽到此話便開悟了。

第三個例子來自於百丈禪師。他說，唯有放下束縛：所有的善惡觀念、淨與不淨、一切禪修技巧和世間的方法、種種福報與功德，你才能證悟諸佛的智慧。一旦能超越這些種種，你便能實證諸佛的智慧。

▍禪是一切現象，無法意會定義

沒有一物不是禪，沒有一處尋不著禪。雖然我說禪是超越一切對待觀念，無法意會或定義，可是又不能離開一切來說禪。或許可以藉著言語來透露禪，但言語所及終究不是禪。以一則趙州從諗禪師（西元 778 ～ 897 年）的例子來做說明。有一天，一位寺中的出家弟子來見趙州說：「我有困惑，希望和尚給我指導。」

趙州禪師回答說：「你用過稀飯了嗎？」

「我用過了。」

「好，那去洗碗吧！」聽完這話之後，這個弟子便開悟了。如果現在你喝完牛奶，我叫你去洗杯子，你會因此而開悟嗎？無論如何，我們必須了解這個典故的背景。這位出家人曾經精進修行了很長一段時間，由於他的心性率直單純，所以趙州的話可以造成這樣的影響。

另一則著名的故事中，一位出家人問趙州：「什麼是禪？」

趙州回答說：「餓來喫飯，睏來眠，需要痾屎就痾屎。」

這位出家人說：「每一個人都知道這個道理，那是不是就表示每個人都已經進入禪境了呢？」

趙州問說：「當你吃飯時，你是否一心吃飯？當你睡覺時，你是不是在神遊做夢？」

另一位出家人對趙州說：「萬法歸一，一歸何處？」萬法歸一是說將散亂的心變成集中心，再到內外統一的心。這和萬物歸趣於神的宗教觀念是類似的，也即是與多重與統一的問題是相關的。

趙州回答說：「我在村子裡，做了一件七斤重的布衫。」

趙州被問的是一個抽象的問題，而他卻回答一個平淡無奇的話，看似與問題毫無關聯。其實他的回答簡潔直接。他

剛從村裡帶回一件新做的布衫，而且很開心。無怪乎每一個人問他，他都會回答說：「我剛獲得一件美麗的新布衫。」

▌不需用思惟找答案

不需要用哲學的思惟去探討真理，諸如「萬物歸一，一歸何處」的問題，並不是一件什麼重要的事。其實，就連最出色的哲學家尚且需要吃飯、睡覺、痾屎，和無專門技術的平凡勞工一樣。如果最究竟的真理只有優秀出色的人才能了知，實在是沒有道理！這不是說禪反對哲學的探討，而是我們不需要用高深複雜的思惟，去尋找答案和實證究竟的真理。

另一位出家弟子問趙州：「如何是祖師西來意？」

寺外庭院中的柏樹，種子正在掉落著。趙州指著樹說：「庭前柏樹子。」這弟子問的是重要的禪法，而趙州卻回答一句簡單、似乎毫不相關的話，這句話是有關於在他面前的一棵樹。不滿意這個答覆，這弟子接著說：「這是很嚴肅的問題，不要去談庭院景觀！」

趙州回答說：「我不是在談庭院景觀。」

那位弟子又再次提問相同的問題，趙州依然給他相同的答覆。這是禪宗裡著名的公案，理由很簡單，就在那個時候，趙州正好從窗戶往外看，看到柏樹的種子正從樹上掉下

來，所以他便說：「這就是祖師西來意。」如果趙州當時看
到的是一隻被跳蚤咬遍身的老狗在拉屎，相信他也會以此回
覆。

▌沒有東西可代表禪

又有一位出家弟子問趙州：「如何是佛？」

趙州回答說：「在佛殿中。」

弟子回答說：「不對，那是泥像。」

趙州認同說：「是。」

因此，那位弟子又問：「如何是佛？」

趙州說：「在佛殿中。」如果當時有一隻狗在他面前走
過，可能他會回答說：「狗是佛。」實質上來說，任何你看
到的、聽到的、感覺到的、或所做的，都是禪，但是沒有一
樣東西本身可以代表禪的全部。如果在某個時刻你看到了某
樣東西，你可以說它就是禪，但它絕不會是究竟、永恆的實
相。

漢傳佛教源自於印度佛教，早在西元第六世紀菩提達摩
抵達中國以前，就已經來到了中國。早期的僧稠禪師（西元
480～560年）是根據南傳的教法，其中一個方法就是觀四
念處：觀身不淨、觀受是苦、觀心無常、觀法無我。他也教
導另外一個方法，那就是清楚地覺知死亡可能隨時來臨，面

對死亡的真相。同時他也教導大乘的方法，不執著於任何一個地方或東西，以讓心安定。四祖道信、五祖弘忍、日本道元禪師也都教導印度的基本禪修方法。

▎靈活的禪法，適應不同的人

禪法是靈活、具有適應性的。禪師不會將自己局限於某一種方法或技巧。這種靈活性稱為「禪機」。為了接引弟子，引導他們開悟，禪師會視情況、需要，以及個人的根器，使用各種不同的方法。

一位居士問惠能大師：「除了禪修與禪定，沒有其他的方法可以達到開悟，是嗎？」

惠能大師回答說：「道由心悟，豈在坐也？」

唐朝一些禪師以使用非傳統的方法著稱。德山（西元782～865年）用香板打人、臨濟對弟子喝斥、趙州只叫人去喝茶，慧藏（西元522～605年）則使用弓箭，若有人問他什麼是禪，他會回答說：「看我射此箭。」這些禪師因為獨特的方式而著稱，但他們不會機械性地對每一個人都施用同樣的方法。譬如說，德山就不會對還未成熟的弟子施予棒打。真正的禪師不會對每一個人都用相同的方法。

▌漸修與頓悟，做自在解脫人

　　印度禪修的方法，是漸進式的，由淺到深的層次觀照；而在中國發展最迅速、遍布最廣的禪宗，則講頓悟。禪宗對於新修初學者教導漸修的方法，但是對於具有深厚禪修經驗的人，禪師就會引導他們用頓悟的方法。一位沒有接受正規佛法修行的人，偶爾也會遇到禪師用頓悟法門來測試他。禪師這麼做的目的，在測試這位即將成為他弟子的人，他的真誠、見地以及能力。如果測試的結果是肯定的，那就被收為弟子；如果初學者無法在看似惱人的方法背後，識破其用意，就會被送去練習漸修的方法。

　　經由頓悟而開發的智慧，能掃除概念的執著、分別心與自我的認知。西元第九世紀的黃檗希運禪師（西元？～ 850年）說：「終日喫飯，未曾咬著一粒米；終日行，未曾踏著一片地。若能做到這樣，便無人我的分別。應說要做的事仍要做，沒有隔離，也不被種種境界困擾，能夠如此，才是一個真正自在解脫的人。」我們的目標是完全投入生活，而又不被周遭發生的事情所左右。

　　禪在生活日用中，生活中就要練習。依據印度佛教的傳統，離開社會是為了可以修行、禪坐，然後漸漸證悟得大解脫。而禪宗，修行是在任何環境中進行，不需要遠離社會。如果我們能夠做到如黃檗禪師所形容的，達到一種完全從糾

纏與困擾中解脫的境界，我們才是眞正的實證開悟。

你或許會問：「證悟以後我還會有煩惱嗎？我還需要修行嗎？」開悟讓我們看到，我們生活在毫無來由的憂慮與煩惱中，即使開悟之後，如果沒有繼續修行，還是脫離不了痛苦，爲此我們應該繼續修行。許多人對頓悟有興趣，前來請教，他們以爲「頓」表示「快」、「容易」，一點小技巧就可以幫他們解決問題。其實不是那麼簡單的，當某些人顯示出這樣的態度時，我會告訴他們：「如果眞的有這麼快速又容易的方法，與其教你，我早就自己練習了。」

▌北美一直有禪

北美需要禪嗎？我想東方與西方人基本上是相同的。在六祖的時代，北方人視南方人爲蠻夷。可是惠能本身來自南方，當他第一次見到弘忍，行禮之後，惠能便說：「唯求作佛。」

弘忍回答：「汝是嶺南人，又是獦獠，若爲堪作佛？」

惠能回答：「人雖有南北，佛性本無南北。」聽了這回答之後，弘忍便派遣惠能到廚房工作，也就表示他已接受惠能成爲他的弟子。

唐朝有位出家人問藥山惟儼禪師（西元 751 ～ 834年）：「達摩來到此土，此土有祖師意否？」

禪師說：「有了。」那位出家人再問：「既已有祖師意，又來做什麼？」

藥山回答說：「只為有，所以來了。」

北美也不例外。只因為這裡一直有禪，所以我有很充足的理由來這裡說禪。北美的人如何學習和練習禪修呢？我有幾項建議：第一、你已經來聽聞禪法了。第二、選用一種禪修方法。你可以決定是選擇傳統的禪修方法，或是頓悟的方法。如果你要用傳統的方法，有很多選擇，譬如：數息、隨息或觀身不淨。如果你要用頓悟的方法，那就更容易了。

▌依循漢傳禪法教禪

這些方法在宋朝的時候就已被系統化，最普遍使用的頓悟法門是參公案，最受歡迎的公案就是「無」。另外一個普遍又有效的方法是問話頭：「我是誰？」如果你嘗試用觀念去回答這個問題，你會變得很懊惱和困惑：「我是誰？這太簡單了。或許我不是『我』，那我又是誰呢？」諸如此類的答案。不過，只要有正確的引導，這個話頭仍將會是個有效的方法。終究來說，最好的方法是沒有方法，是不可思議的。如果這是不可思議、無法言喻的，那我也無法用言語來教導你，禪是超越語言文字的。

現在讓我以一個之前問到的問題，來做為結語。為了適

應北美的文化與思維模式，我是否在教導佛法上，有改變方式？做爲一位漢傳佛教的法師，我以我所傳承到的禪法來教導你們。而你們西方眾，當有一天你們成爲佛法的老師時，也會隨著你們自己的修行背景與經驗，形塑出你們自己的方法與技巧。

國家圖書館出版品預行編目資料

禪在哪裡？：聖嚴法師西方禪修指導. 2 / 聖嚴法
師著；法鼓山國際編譯組譯. -- 初版. -- 臺北
市：法鼓文化, 2013.11
　　面　；　公分
ISBN　978-957-598-628-5（平裝）

1. 佛教修持

225.7　　　　　　　　　　　　　　102019869

禪在哪裡？——聖嚴法師西方禪修指導 2

FINDING CHAN: Chan Master Sheng Yen's Teachings in the West II

著者	聖嚴法師
選編·譯者	法鼓山國際編譯組
出版	法鼓文化
總監	釋果賢
總編輯	陳重光
編輯	李金瑛、林蒨蓉
封面設計	王璽安
內頁美編	小工
地址	臺北市北投區11244公館路186號5樓
電話	(02)2893-4646
傳真	(02)2896-0731
網址	http://www.ddc.com.tw
E-mail	market@ddc.com.tw
讀者服務專線	(02)2896-1600
初版一刷	2013年11月
初版二刷	2017年2月
建議售價	新臺幣150元
郵撥帳號	50013371
戶名	財團法人法鼓山文教基金會—法鼓文化
北美經銷處	紐約東初禪寺
	Chan Meditation Center (New York, USA)
	Tel: (718)592-6593　Fax: (718)592-0717

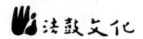
法鼓文化